财务共享实务

主　编　刘莲菲　赵云栋
副主编　徐　姚　杨　玲
　　　　刘嘉璐　杜　丽

东南大学出版社
SOUTHEAST UNIVERSITY PRESS
·南京·

图书在版编目(CIP)数据

财务共享实务 / 刘莲菲,赵云栋主编. -- 南京：东南大学出版社,2024.9. -- ISBN 978-7-5766-1579-1

Ⅰ.F232

中国国家版本馆CIP数据核字第2024DV3012号

责任编辑：褚 婧　　责任校对：李成思　　封面设计：王 玥　　责任印制：周荣虎

财务共享实务

主　　编：刘莲菲　赵云栋
出版发行：东南大学出版社
出 版 人：白云飞
社　　址：南京市四牌楼2号　邮编：210096　电话：025-83793330
网　　址：http://www.seupress.com
经　　销：全国各地新华书店
排　　版：南京布克文化发展有限公司
印　　刷：南京玉河印刷厂
开　　本：787 mm×1092 mm　1/16
印　　张：11.5
字　　数：260千
版 印 次：2024年9月第1版第1次印刷
书　　号：ISBN 978-7-5766-1579-1
定　　价：45.00元

本社图书若有印装质量问题,请直接与营销部联系,电话：025-83791830。

目录

项目一　财税共享 ··· 001
　　任务一　期初建账 ·· 001
　　任务二　票据录入 ·· 012
　　任务三　财税审核 ·· 043
　　任务四　期末结账 ·· 059
　　任务五　档案管理 ·· 062

项目二　服务共享 ··· 077
　　任务一　发票的申领与使用 ··· 077
　　任务二　社会保险的办理 ·· 119
　　任务三　住房公积金的办理 ··· 134

项目三　集团共享 ··· 139
　　任务一　认识集团财务共享服务中心 ····································· 139
　　任务二　创立集团财务共享平台 ··· 146
　　任务三　编制预算及资金计划 ·· 158

项目一 财税共享

项目导读

财税共享，是指社会财务共享服务中心为代账公司、企业主体等提供的基础性财务税务类共享服务；财务共享服务中心或财务共享中心，是提供财务共享服务的业务单位，通过流程再造搭建内控体系，按照会计准则、税法的要求，实现财务、税务日常处理的流程化、标准化，提高工作效率，节约人力成本。

通过本工作领域财税共享知识的学习，培养能够胜任社会财务共享中心、企业集团财务共享中心从事票据整理、信息录入、审核等基础会计核算工作的新型财务人员，或能在中小微企业从事云会计核算、报表编制、会计档案管理等工作的财务人员。

任务一 期初建账

【知识目标】了解企业会计准则、小企业会计准则、相关税收政策、会计档案管理办法、企业财务制度等相关法律法规内容；熟悉财务共享服务中心工作规范和工作流程；掌握财务云共享中心平台期初建账的操作流程。

【技能目标】能够根据移交清册进行会计资料交接，建档收集企业期初建账数据，并对后期的会计资料交付进行必要的指导和培训；能够在财务云共享中心平台上完成新建账套、新增会计科目及期初数据录入等期初建账工作。

【素质目标】培养高效沟通协调能力，准确、及时地完成与客户对接资料的工作；遵守职业道德规范，保守秘密，对客户资料做好管理，除法律法规要求的情形，不得对外提供。

任务导入

方圆财务共享中心简介

方圆财务共享中心成立于2023年1月，该中心主要提供专业化财务服务，如日常财务记录、账目核算和税务申报等，以及会计和财务咨询服务。它运用标准化的工作流程和管理模式，实现财务资源共享和人力成本节约，从而优化企业财务管理，提高工作效率，降低成本。

图 1-1-1 是方圆财务共享中心的组织架构,图 1-1-2 则是核算中心部门的岗位设置及财务信息流转程序。

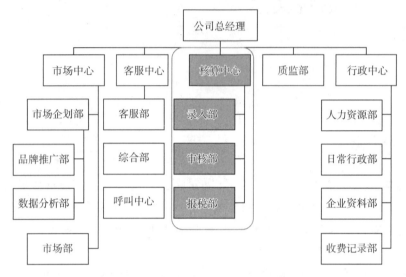

图 1-1-1　方圆财务共享中心组织架构图

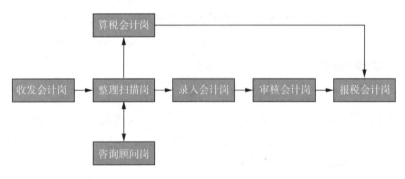

图 1-1-2　核算中心部门设置的岗位及财务信息流转程序

图 1-1-3　期初建账任务情景

北京飞达物流有限公司与方圆财务共享中心签订委托代理记账协议。协议签订后，北京飞达物流有限公司提供了相关资料，方圆财务共享中心对该企业的资料进行整理与确认。首先，由行政中心的人员对该企业资料进行建档，并将期初建账所需的资料交给核算中心，会计林烨根据业务资料，在财务云共享中心平台建立账套、设置会计科目和录入期初数据(图1-1-3)。

一、业务流程

方圆财务共享中心的行政专员需要先对北京飞达物流有限公司的资料进行建档保存，收集所需的全部资料后，交给会计建立该企业账套。期初建账的业务流程包括企业信息建档、建账资料收集、企业账套建立、会计科目设置、期初数据录入，如图1-1-4所示。

图1-1-4　期初建账的业务流程

二、业务操作

下面对期初建账的各个环节操作作详细的介绍。

(一) 企业信息建档

企业信息建档，即通过收集企业基本资料，将企业名称、地址、联系人、联系方式等基本信息收集齐全，对收集资料的真实性、合法性进行审查，审查无误后，录入财务云共享中心平台。行政专员在进行建档操作时，应确保录入的企业档案信息全面、详细、真实。

在进行企业信息建档前，行政专员需要收集企业基本资料，包括企业营业执照副本、法人代表身份证复印件、企业财务制度、公司章程复印件等资料。企业需提供的基本资料如图1-1-5所示。

营业执照副本

法人代表身份证复印件

企业财务制度

公司章程

图1-1-5　公司需提供的基本资料

行政专员登录财务云共享中心平台进行建档操作,在财务云共享中心平台企业信息建档和建账操作步骤相同。

(二) 建账资料收集

无论是新设企业建账,还是持续经营期间的企业建账,都应有健全的财务资料,包括企业的银行账户开户信息、税务账号密码等,以便开展建账工作。实务中,根据不同情况下的企业,建档资料清单如表 1-1-1 所示。

表 1-1-1　建档资料清单

相关财务资料	新设企业	持续经营期企业
银行账户开户信息复印件	√	√
税务账号密码或直接取得 CA 证书	√	√
公司员工名单及身份证号码相关信息	√	√
社保、工资表相关信息	—	√
财务报表	—	√
当年各种税种纳税申报表	—	√
上年度所得税汇算申报表	—	√
记账凭证、总账、日记账、明细账	—	√
累计发生额及余额表、往来科目明细表、长期待摊费用明细表、递延资产明细表、固定资产明细清单、无形资产明细清单	—	√
银行存款余额调节表—账户 1(包括企业开立的所有账户)、银行存款余额调节表—账户 2	—	√
资料交接清单	√	√

在建档资料收集过程中,以上与财务相关的资料,可以通过资料交接清单汇总,如表 1-1-2 所示。

表 1-1-2　资料交接清单

资料交接清单(　　)月

公司名称:　　　　　　　时间:

移交人:　　　　　　　　接收人:

序号	摘要	数量(张/本)	备注
1	营业执照副本复印件		
2	法人代表身份证复印件		
3	银行账户开户信息表复印件		
4	税务账号密码或直接取得 CA 证书		
5	公司员工名单及身份证号码相关信息		
6	社保、工资表相关信息		
7	财务报表		

续表

移交人：			接收人：	
8		当年各税种纳税申报表		
9		上年度所得税汇算申报表		
10		记账凭证、总账、日记账、明细账		
11		累计发生额及余额表、各明细表		
12		固定资产、无形资产清单		
13		银行存款余额调节表		
14				
15				

提示：实务工作中，应对收集到的企业信息资料进行审查，确保合法、真实、完整、有效。如果发现企业提供的资料不全，应及时做好沟通工作，补全所需资料。

(三) 企业账套建立

建账资料准备完毕，会计即可登录财务云共享中心平台，创建账套信息。平台需要填写的信息有：企业名称、所属行业、纳税人制度、会计制度、建账期间等，其中，会计需要根据企业提供的资料，如表1-1-3所示，对企业所属行业、纳税人制度、会计制度这三部分的内容作判断。

表1-1-3　建账资料

平台需要录入信息	判断标准
企业名称	
所属行业	查看企业营业执照副本复印件中的经营范围
纳税人制度	查看税务信息、《税务登记证》复印件 年应征增值税销售额500万元及以下认定为小规模纳税人； 年应征增值税销售额500万元以上认定为一般纳税人
会计制度	根据企业的规模、业务量、业务特点，可供选择的企业会计制度包括《企业会计准则》《小企业会计准则》。小企业的经济业务相对简单，会计制度选择《小企业会计准则》
建账期间	—

1. 所属行业

实务工作中，常见的行业类型包括商品流通行业、服务行业、建筑、餐饮、货运代理、培训服务业、会务业、广告业、物流业、制造业等，会计需要通过查看企业营业执照副本复印件中的经营范围，到建账模块中选择所属行业，如图1-1-6所示。

2. 纳税人制度

纳税人分类的基本依据是纳税人的会计核算是否健全，以及企业规模的大小。衡量企业规模的大小一般以年销售额为依据。年应征增值税销售额500万元及以下认定为小规模纳税人，年应征增值税销售额500万元以上认定为一般纳税人，特殊规定除外。财务云共享中心平台中纳税人制度设置下拉选项，如图1-1-7所示。

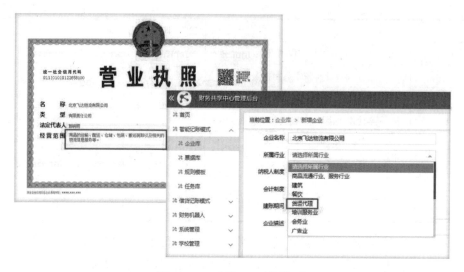

图 1-1-6　建账——所属行业

图 1-1-7　建账——纳税人制度

3. 会计制度

企业初次建账时，选择合适的会计制度很关键，会计制度的选择主要是根据企业的规模、业务量、业务特点，可供选择的企业会计制度包括《企业会计准则》《小企业会计准则》。《小企业会计准则》适用于经营规模较小的企业，一般小企业的经济业务相对简单，会计制度选择《小企业会计准则》就可以了，有特殊要求的企业除外。选择《小企业会计准则》以后，会计科目设置和会计核算都会比较简化。企业会计制度的选择，会直接影响到后续会计科目的设置、会计核算的方法。财务云共享中心平台中会计制度设置下拉选项，如图1-1-8所示。

图 1-1-8　建账——会计制度

完成以上建账工作后,即可进行下一步操作。

(四) 会计科目设置

企业建立账套后,应进行会计科目的设置,如图 1-1-9 所示。会计科目的设置是期初建账工作的关键环节,关系到日后的会计核算。在设置过程中,应遵循合法性原则、相关性原则、实用性原则；由于经济业务活动的具体内容、规模大小与业务繁简程度等情况不尽相同,在具体设置会计科目时,应考虑其自身特点和具体情况。

图 1-1-9　会计科目设置

提示:新增会计明细科目时,科目代码不用修改,保证科目级次及科目名称一致即可。

企业选用不同的会计制度,则会计科目的设置也会有所差异。《小企业会计准则》与《企业会计准则》中会计科目设置的区别,如表 1-1-4 所示。

表 1-1-4 《小企业会计准则》与《企业会计准则》中会计科目设置

企业会计准则	小企业会计准则	企业会计准则	小企业会计准则
一、资产类		二、负债类	
交易性金融资产	短期投资	交易性金融负债	
坏账准备		应付票据	应付票据
应收票据	应付账款	应付账款	应付账款
应收账款	应收账款	预收账款	预收账款
库存商品	库存商品	合同负债	
发出商品		应付职工薪酬	应付职工薪酬
合同资产		应交税费	应交税费
合同资产减值准备		应付股利	应付利润
合同履约成本		三、所有者权益类	
合同履约成本减值准备		实收资本	实收资本
持有待售资产		其他综合收益	
持有待售资产减值准备		四、成本类	
债权投资		劳务成本	
固定资产减值准备		五、损益类	
无形资产减值准备		投资收益	投资收益
商誉		资产减值损失	
递延所得税资产		以前年度损益调整	

(五) 期初数据录入

新设企业无期初数据,完成上一步的会计科目设置,即完成了期初建账完整的操作流程。而持续经营企业,则需根据提供的期初余额表,进行期初数据的录入。如图 1-1-10 所示,是期初余额表。

科目名称	科目代码	年初余额 借	年初余额 贷	累计借方	累计贷方	期初余额 借	期初余额 贷	累计借方数量	累计借方单价	累计贷方数量	累计贷方单价	余额数量	余额单价	是否是数量金额
库存现金	1001	28505.63	0	95000	36207.36	85298.27		0	0	0	0	0	0	
银行存款	1002	2274898.09	0	1694743.3	2225280.83	1744275.56		0	0	0	0	0	0	
建设银行西城区	100201	2161400.09	0	1383656	1963280.54	1581775.55		0	0	0	0	0	0	
工商银行西城区	100202	113498	0	311087.3	262085.29	162500.01		0	0	0	0	0	0	
其他货币资金	1012	500000	0	0	0	500000		0	0	0	0	0	0	
存出投资款	101201	500000	0	0	0	500000		0	0	0	0	0	0	
短期投资	1101	0		0	0	0		0	0	0	0	0	0	
应收票据	1121			560000	0	560000		0	0	0	0	0	0	
北京泰制造有	112101			560000	0	560000		0	0	0	0	0	0	
应收账款	1122	1580648.24	0	3910000	1230000	4260648.24		0	0	0	0	0	0	
天津万拓股份有	112201	360000	0	230000	240000	350000		0	0	0	0	0	0	
福建国材贸易有	112202	70000	0	180000	170000	80000		0	0	0	0	0	0	
上海盟发物流有	112203	200000	0	3000000	0	3200000		0	0	0	0	0	0	
江苏来发食品有	112204	820000	0	500000	820000	500000		0	0	0	0	0	0	
北京兴象制造有	112205			0	0	0		0	0	0	0	0	0	
北京新华有限公	112206	130648.24	0	0	0	130648.24		0	0	0	0	0	0	
预付账款	1123	100000	0	480000	360000	220000		0	0	0	0	0	0	
北京平安保险股	112301	100000	0	0	40000	60000		0	0	0	0	0	0	
北京望海商贸有	112302	0		0	0	0		0	0	0	0	0	0	
北京静有物流有	112303	0		480000	320000	160000		0	0	0	0	0	0	
应收股利	1131			0	0	0		0	0	0	0	0	0	
应收利息	1132			0	0	0		0	0	0	0	0	0	
其他应收款	1221			0	0	0		0	0	0	0	0	0	
材料采购	1401	0		0	0	0		0	0	0	0	0	0	
在途物资	1402	0		0	0	0		0	0	0	0	0	0	
原材料	1403	42000	0	28000	35000	35000		0	0	0	0	50	700	
材料成本差异	1404	0		0	0	0		0	0	0	0	0	0	
库存商品	1405			0	0	0		0	0	0	0	0	0	

图 1-1-10 期初余额表

财务云共享中心平台中录入期初余额有两种方式:手工录入和 Excel 导入。

1. 手工录入期初余额

手工录入方式下,直接手工输入末级科目的期初余额,上级科目会自动累加金额,如图 1-1-11 所示。红字金额应以负数表示;输入辅助核算类科目时,应注意输入辅助账的期初明细。

科目代码	科目名称	年初余额		累计借方	累计贷方	期初余额		数量/金额
		借	贷			借	贷	
1001	库存现金	26505.63		95000.00	36207.36	85298.27		
1002	银行存款	2274898.09		1694743.30	2225365.83	1744275.56		
100201	建设银行西城区支行99067	2161400.09		1383656.00	1963280.54	1581775.55		1744275.56=1581775.55+162500.01
100202	工商银行西城区支行33876	113498.00		311087.30	262085.29	162500.01		
1012	其他货币资金	500000.00				500000.00		
101201	存出投资款	500000.00				500000.00		
1101	短期投资							
1121	应收票据			560000.00		560000.00		
112101	北京兴泰布匹有限公司			560000.00		560000.00		
1122	应收账款	1580648.24		3910000.00	1230000.00	4260648.24		
112201	天津万科股份有限公司	360000.00		230000.00	240000.00	350000.00		
112202	福建国旺贸易有限公司	70000.00		180000.00	170000.00	80000.00		
112203	上海盟龙物色有限公司	200000.00		3000000.00		3200000.00		
112204	江苏丰发食品有限公司	820000.00		500000.00	820000.00	500000.00		
112205	北京兴泰布匹有限公司							
112206	北京新体有限公司	130648.24				130648.24		

图 1-1-11　手工录入期初余额

提示:年中建账输入期初数据时应注意以下问题:

①年中建账,如果是新设企业,第一次建账,期初数据为 0。

②年中建账,如果是持续经营企业,则期初金额为上一月末的结余数。应输入当期的期初余额和本年各科目的累计发生额。其目的是在出资产负债表和利润表时,自动提取年初数据和累计数据。例如:6 月建账,就要输入 5 月底(也就是 6 月初)各科目的余额和 1—5 月各科目的发生额。

2. Excel 导入期初余额

Excel 导入方式下,登录平台下载期初余额表,如图 1-1-12 所示;然后将期初余额导入平台,如图 1-1-13 所示;导入期初余额后进行试算平衡,如图 1-1-14 所示。

图 1-1-12　下载期初余额表

图 1-1-13 导入期初余额

提示：录入期初数据时，注意借贷方向及红字金额。

图 1-1-14 试算平衡

提示：必须试算平衡后才能启用账套，否则影响后面报表的取数问题，造成报表不平衡。期初余额试算不平衡如何查找错误？可从以下方面入手：

（1）分别核对资产、负债、所有者权益、损益类合计与期初余额是否一致；

（2）查看一级科目余额是否与期初余额一致；

（3）查看明细科目余额录入是否正确；

（4）查看科目余额的录入方向是否正确。

三、案例解析

请登录财务共享（电算化）平台完成北京飞达物流有限公司 2022 年 6 月的期初建账操作。

解析：

步骤一：登录财务共享（电算化）平台，如图 1-1-15 所示：

图 1-1-15　登录财务共享(电算化)平台

步骤二:点击【设置】—【会计科目】—【附件下载】,下载期初余额表数据,如图 1-1-16 所示:

图 1-1-16　下载期初余额表

步骤三:点击【设置】—【期初余额】,根据获取的期初余额表数据,录入金额后,单击【试算平衡】,试算平衡后,单击【启用账套】,如图 1-1-17 所示:

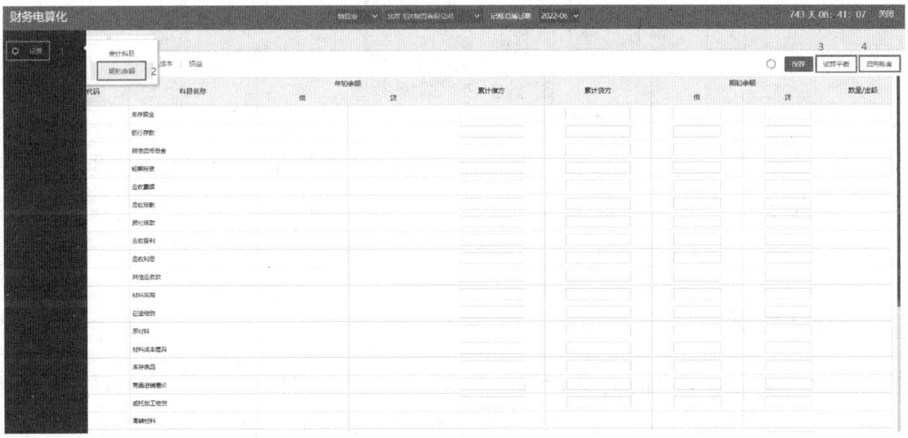

图 1-1-17　录入期初余额

四、业务训练

登录正保财务云共享中心完成北京盛耀纺织有限公司的期初建账流程操作,任务要求如下:

(1)建账前审查提供的资料是否齐全、真实、合法、有效;

(2)完成期初建账流程的完整操作,包括建档、建账、设置会计科目、录入期初数据。

任务二 票据录入

【知识目标】熟悉财务共享服务中心工作规范和工作流程;掌握财务云共享中心平台票据信息录入(简称票据录入)的操作流程。

【技能目标】能够按照单据整理工作规范要求,将扫描后的电子票据按照单据类型进行整理分类并修改完善;能够对分类的单据逐类进行票据信息提取,完成自动记账工作;能够按照复核工作规范要求,对录入比对不通过、有错误、未生成凭证或账簿的电子票据进行录入复核,确保所有单据均已记账。

【素质目标】培养具有良好职业素养、团队协作精神的新型人才。

任务导入

每月月初,北京飞达物流有限公司将财务资料邮寄过来,方圆财务共享中心收发资料的会计(以下简称收发会计)应对该企业的资料进行核对。核对无误后,转交给整理扫描会计进行分拣、编号、扫描、上传至财务云共享中心平台;录入信息的会计(以下简称录入会计)再将平台的电子票据按照票据类型整理分类为八大类及其他类,如图1-2-1所示。

图1-2-1 票据类型

票据整理好以后,按方圆财务共享中心的票据分类标准要求,逐类提取票据核算信息,系统便会自动生成记账凭证、账簿登记、财务报表。方圆财务共享中心业务核算流程如图1-2-2所示。

一、业务流程

以北京柯基展会服务有限公司为例。月初,在收到北京柯基展会服务有限公司邮寄过来的核算资料后,经方圆财务共享中心的收发会计核对无误,转给整理扫描会计进行整理、编号、扫描成图片并上传到财务云共享中心平台中;录入会计再将平台中的电子票据进行整理录入。票据录入的业务流程包括票据整理、票据扫描、票据录入,如图1-2-3所示。

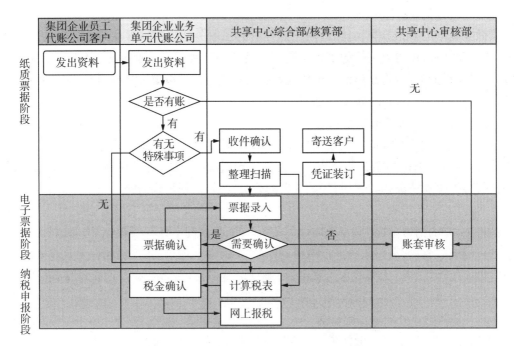

图1-2-2 服务型财务共享中心业务流程示例

图1-2-3 票据录入的业务流程

二、业务操作

实务工作中,方圆财务共享中心票据录入分三个步骤进行:第一步是票据整理;第二步是票据扫描;第三步是票据录入,如图1-2-3所示。

(一) 票据整理

票据是原始凭证的一种,是会计记账最基础的资料,是证明企业经济业务发生最有效的证据。会计获取票据时,可先详细翻阅一遍,剔除掉不合规的票据,再进行分类处理。

实务中,整理扫描的会计(以下简称整理扫描会计)是如何进行票据整理工作的呢?首先,应根据票据信息读懂业务内容,判断业务类型;其次,对重点内容进行票据审核。

1. 判断业务类型及票据

根据不同类型的经济业务,整理扫描会计可以大体将票据分为八大业务类型,分别是销售类、收款类、转款类、采购类、费用类、付款类、工资类、成本类。对于无法准确归类到这八大业务类型中的票据,记入其他类。因此。判断何种票据对应何种业务类型是十分关键的。

2. 审核票据内容

做完基本的票据分类操作后,需重点核对购销业务和往来款项业务的票据内容。例如,销售类业务,需将整理好的销售类票据与税务局平台的开票业务进行核对,统计无票收入;采购类业务,需将已认证的进项发票相关数据与认证清单进行核对;往来款项业务,需将各银行回单与银行对账单逐笔核对。

(1) 销售类业务票据内容核对

税务局网站上可查询开票业务情况。将整理好的销售类票据与税务局平台的开票业务核对,便可以清楚知道企业销售业务是否出现遗漏、账证不符等情况。实务中,如果发现销售票据出现遗漏,需及时与提供票据的人员沟通,以补足票据。

另外,关于无票收入。什么是无票收入呢?顾名思义就是没有开发票的收入。在实际销售中,有的销售金额很小,且是对个人销售的,很多都不开发票,但是这部分收入也是经营者的应税收入,需要依法申报纳税。因此,会计在整理票据时,发现有无票收入的,要及时做好统计工作。无票收入入账前,应确认清楚,对方是否会在今后要发票,确认需要发票的话可以留到开票后再做收入,避免进行调整。

(2) 采购类业务票据内容核对

如果企业是增值税一般纳税人,发生采购业务,收到供应商开具的增值税专用发票,就要登录税务局网站,通过税务数字账户查询发票(如图1-2-4),与已认证的进项发票相关数据进行核对,可以有效地检查采购类业务票据是否齐全,避免企业多缴税。

图 1-2-4 发票查询统计

(3) 往来款项业务票据内容核对

对于往来款项业务,整理扫描会计需将各银行回单与银行对账单进行逐笔核对,对未达账项及未到记账所属期的票据进行标注。

(二) 票据扫描

为了便于业务处理以及方便查找,需将各类票据编号,扫描上传至财务云共享中心平台。实务中,根据企业的业务量和财务工作人员的习惯,票据编号的规则也略有不同。例如一个企业有多家工厂,可以按"工厂编码"对票据编号分类;而有些商品流通企业则按照业务类型对票据编号分类。

按照票据编号规则进行票据编号后,即可进行票据扫描上传的工作。

1. 建立存放路径

票据扫描前,需先在计算机里建立图片的存放路径。

2. 逐张(或批量)扫描

将与扫描驱动相符的扫描仪连接计算机,进行票据扫描。实务中,根据扫描仪型号的不同,可进行单张票据的扫描或者批量票据扫描。

在票据扫描过程中,应注意以下五点事项:

第一,编号清晰。切记不要连笔写,让人看不清楚。

第二,便笺纸粘贴到空白区。如果是同一类票据,可以放到一起,把同一类票据的金额进行相加写到便笺纸上,贴到首张票据上,这时候要求便笺纸一定要粘贴到空白区,尽量不要遮挡票面上的原始信息。

第三,夹板的使用。打车票或者停车票,由于特别小,为防止卡纸,可以使用夹板来进行助力。

第四,一次扫描适量票据。一次扫描的量要适量,如果太多会造成严重卡纸,影响工作效率。

第五,检查清晰度。扫描完成后一定要检查清晰度,如果没有问题,这项工作就完成了,假如存在不清晰的,应重新扫描。

3. 票据导入

在保证扫描的票据信息清晰的前提下,将票据导入财务云共享中心平台,具体操作步骤如下:

步骤一:登录财务云共享中心平台,单击智能记账模式下的【企业库】选项,选择要上传的公司票据文件,执行【票据管理】—【导入票据】—【账务资料】命令(见图1-2-5~图1-2-7),选择期间,单击【+继续添加】按钮,选择要上传的图片。

步骤二:单击【导入】按钮,即完成票据导入工作。

图1-2-5 单击【企业库】

图1-2-6　单击【票据管理】

图1-2-7　点击【导入票据】—【账务资料】

(三) 票据录入

整理扫描会计完成票据整理、扫描、上传至财务云共享中心平台后,即可交由录入会计完成后续的工作。

录入会计在财务云共享中心平台上进行票据录入工作前,应先获取后台票据,操作如下:

步骤一:登录财务云共享中心平台,选择所属行业、企业名称、记账归属日期,如图1-2-8所示。

图1-2-8　获取后台票据步骤一

步骤二:单击系统左侧【影像管理系统】—【影像获取】—【上传影像】菜单,即可完成获取票据的操作,如图 1-2-9 所示。

图 1-2-9　获取后台票据步骤二

票据录入工作的核心要点,在于将整理后上传至财务云共享中心平台的票据信息,根据系统的要求,录入相关票据信息。

接下来,以北京柯基展会服务有限公司的票据为例,对整理后的销售类、收款类、转款类、采购类、费用类、付款类、工资类、成本类、其他类等信息进行录入。

1. 销售类票据

企业发生销售业务,需向客户开具发票,确认销售收入。常见的销售类业务票据包括电子发票(增值税专用发票)、电子发票(普通发票)、发货清单(无票收入统计表)等,部分票据如图 1-2-10 所示。

图 1-2-10　销售类业务票据(票样)

特别提醒,销售免税商品不能开具增值税专用发票。

财务云共享中心平台要求在录入销售类票据时,应准确判断业务内容,解读票据信息。

在判别销售类票据时,需要抓住两个关键点:发票名称、购销企业信息。根据发票名称,可以了解企业是一般纳税人还是小规模纳税人。通过查看发票购销企业信息,确认本企业应为销售方,客户应为购买方。

北京柯基展会服务有限公司电子发票(增值税专用发票)如图1-2-11所示。

图1-2-11　电子发票(增值税专用发票)(销售类票据)

票据信息解读:北京柯基展会服务有限公司给北京友柔贸易有限公司提供工程设计服务,不含税金额160 000.00元,税额9 600.00元,价税合计169 600.00元。

在财务云共享中心平台智能化系统录入规则下,录入销售类业务票据时,应关注以下业务信息:票据编号、票据类型、现金结算、现金金额、业务类型、往来单位、业务特征、未税金额、税率、税额、价税合计。并完成财务云共享中心平台两个模块的录入工作,分别是【影像管理系统】—【影像整理】模块和【智能凭证中心】模块。

具体操作步骤如下:

步骤一:点击系统左侧【影像管理系统】—【影像整理】菜单,如图1-2-12所示。

图1-2-12　销售类票据录入步骤一

步骤二：根据整理扫描会计在每张票据左上角手写的编号，录入系统右侧【票据编号】项目，如图 1-2-13 所示。

图 1-2-13　销售类票据录入步骤二

步骤三：单击系统右侧【票据类型】下拉菜单，选择【销售】选项，系统会自动跳转出"现金结算"和"现金金额"项目，如图 1-2-14 所示。

图 1-2-14　销售类票据录入步骤三

步骤四：查看发票上是否有"现金"字样备注。如果发票上出现"现金"字样，说明该笔销售业务采用现金方式收款，需输入相应的现金金额。如果发票上未出现"现金"字样，则直接单击【现金结算】—【否】，系统默认现金金额为 0，如图 1-2-15 所示。

图 1-2-15　销售类票据录入步骤四

步骤五:完成【影像管理系统】—【影像整理】模块的录入工作后,单击系统左侧【智能凭证中心】,如图1-2-16所示。

图 1-2-16　销售类票据录入步骤五

步骤六:单击系统右侧【业务类型】下拉菜单,根据发票上的税率栏,选择应税收入或者免税收入,系统会自动弹出"往来单位""业务特征""未税金额""税率""税额""价税合计"等项目,如图1-2-17所示。

图 1-2-17　销售类票据录入步骤六

步骤七:相对于销售方来说,"往来单位"就是采购方,也称为"企业的客户"。企业发生赊销业务时,挂账"应收账款","往来单位"需要输入客户全称。因此,需根据发票上的购买方信息,单击系统右侧【往来单位】下拉菜单,单击往来单位北京友柔贸易有限公司如图1-2-18所示。

图 1-2-18　销售类票据录入步骤七

步骤八:销售类业务特征分为"服务收入"和"货物及劳务"。单击系统右侧【业务特征】下拉菜单,判断本业务特征为服务收入,如图 1-2-19 所示。

图 1-2-19　销售类票据录入步骤八

步骤九:最后,根据发票上的金额,录入未税金额和税率,系统会自动核算出税额和价税合计的数据,如图 1-2-20 所示。

图 1-2-20　销售类票据录入步骤九

完成以上九个步骤的操作,即完成了销售类票据的录入工作。在实际操作过程中,经济业务是各种各样的。录入会计应掌握与各项经济业务对应的税率,以及所归属的业务类型。增值税税率征收率如表 1-2-1 所示。

表 1-2-1　增值税税率/征收率一览表

增值税税率/征收率		货物、应税劳务、应税服务项目
基本税率	13%	销售或者进口货物、提供加工修理修配劳务、有形动产租赁
低税率	9%	粮食等农产品、食用植物油、食用盐
		自来水、暖气、热水、冷气、煤气、石油液化气、天然气、沼气、居民用煤炭制品、二甲醚
		图书、报纸、杂志、音像制品和电子出版物
		饲料、化肥、农药、农机、农膜等

续表

增值税税率/征收率		货物、应税劳务、应税服务项目
低税率	9%	交通运输、邮政、基础电信、建筑、不动产租赁服务
		销售不动产、转让土地使用权
	6%	现代服务、金融服务、生活服务、增值电信服务
		销售无形资产(转让土地使用权除外)
零税率	0	出口货物、劳务或者境内单位和个人发生的跨境应税行为
征收率	5%	一般纳税人销售其2016年4月30日前取得的不动产、小规模纳税人销售其取得(不含自建)的不动产(不含个体工商户销售购买的住房和其他个人销售不动产)、一般纳税人提供人力资源外包服务等
	3%	小规模纳税人、一般纳税人特定情况
	1.5%	个人出租住房,按照5%的征收率减按1.5%计算纳税

通常情况下,发票上的"税率"栏标注税率为13%、9%、6%或者征收率为5%、3%、1.5%的,划分为应税收入。而发票上的"税率"栏标注"免税""0"字样的,划分为免税收入。

2. 收款类票据

企业发生收款业务,会收到银行收款回单。常见的收款类票据包括银行电子回单、借款借据(收账通知)、证券交易对账单、收款收据等,如图1-2-2所示。

电子银行回单

借款借据(收账通知)

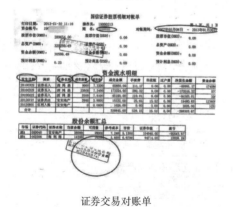

证券交易对账单　　　　　　　　收款收据

图1-2-21　收款类票据

在收款类业务中,国家法律法规对企业收到股东投资款做了相关规定。根据《中华人民共和国公司法》规定,新成立公司的注册资本由实缴登记制变为认缴登记制,股东可以自主约定认缴出资额、出资方式、出资期限。认缴注册登记时,不做账务处理。

录入会计收到收款类票据时,应重点关注"付款人"的信息、金额、摘要、附言、用途,以便明确资金的来源,判断该来源的资金属于何种收款业务。

北京柯基展会服务有限公司银行电子回单凭证如图1-2-22所示。

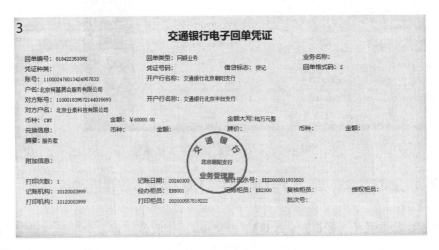

图1-2-22 银行电子回单凭证

票据信息解读:北京柯基展会服务有限公司收到北京业泰科技有限公司转来的货款,金额60 000.00元。

在财务云共享中心平台智能化系统录入规则下,录入收款类业务票据时,应关注以下业务信息:票据类型、资金账户、业务类型、往来单位、收款金额、银行手续费。这里以北京柯基展会服务有限公司收款类票据录入为例进行讲解,具体操作步骤如下:

步骤一:点击系统左侧【影像管理系统】—【影像整理】。

步骤二:根据整理扫描会计在每张票据左上角手写的编号,录入系统右侧【票据编号】项目。

步骤三:单击系统右侧【票据类型】下拉菜单,单击【收款】,系统会自动跳转出【资金账户】项目,如图1-2-23所示。

图1-2-23 收款类票据录入步骤三

步骤四：根据银行回单上收款方资金账户信息，单击系统右侧【资金账户】下拉菜单，单击【交行朝阳支行57833】，如图1-2-24所示。

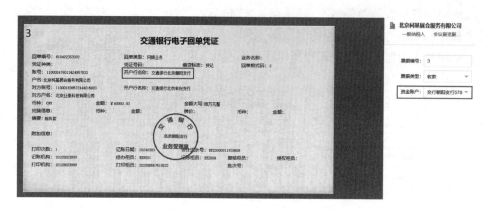

图1-2-24　收款类票据录入步骤四

步骤五：完成【影像管理系统】—【影像整理】模块的录入工作后，单击系统左侧【智能凭证中心】。

步骤六：单击系统右侧【业务类型】下拉菜单，根据收款票据上载明的用途，判断选择业务类型。系统内置的业务类型包括销售收款、营业外收入、其他收款、收到出口退税、收回借款、股东投资款、借入款、利息收入、收到退款、生育/医疗险、政府补助、保证金/押金、银行退手续费、不征税项目收入、短期借款，本业务属于销售收款业务，单击【销售收款】，如图1-2-25所示。

图1-2-25　收款类票据录入步骤六

步骤七：【业务类型】的选择，会影响【往来单位】下拉菜单的选项。例如，企业销售商品收到货款，单击【业务类型】下拉菜单，单击【销售收款】，则系统会自动弹出【往来单位】【收款金额】【银行手续费】，【往来单位】的下拉菜单则是客户的企业名称，如图1-2-26所示。

步骤八：根据银行收款回单中的金额，录入【收款金额】，如图1-2-27所示。

图 1-2-26　收款类票据录入步骤七

图 1-2-27　收款类票据录入步骤八

步骤九:若票据上载明银行手续费,则需录入【银行手续费】的金额。若无银行手续费发生,录入【银行手续费】的金额为"0"即可。本业务无银行手续费发生,如图 1-2-28 所示。

图 1-2-28　收款类票据录入步骤九

3. 转款类票据

财务云共享中心平台将提现、存现、公司内部账户之间转账,定义为转款业务。企业发生转款业务,会收到银行回单。常见的转款类票据有银行回单、现金支票存根等,如图 1-2-29 所示。

银行回单　　　　　　　　　　　　现金支票存根

图 1-2-29　转款类票据

如果该笔业务是属于企业内部账户之间的转账，则取得的银行回单，收款方和付款方都是做账主体，或者收款方（付款方）一方为空，如图 1-2-30 所示。

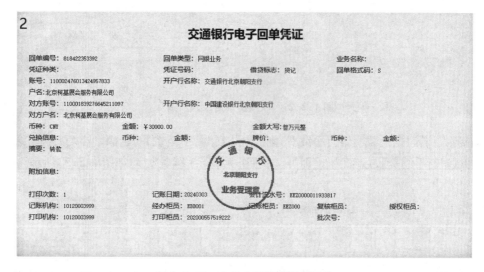

图 1-2-30　企业内部转账银行回单

企业提取备用金时，一般按照单位 3~5 天日常零星开支所需确定。边远地区和交通不便地区的开户单位的库存现金限额，可按多于 5 天但不得超过 15 天的日常零星开支的需要确定。

企业取得现金后，对其使用范围的相关规定，如图 1-2-31 所示。

在判别转款类业务时，应认清收款方和付款方的信息，明确资金的流向。

北京柯基展会服务有限公司的银行电子回单凭证如图 1-2-30 所示。

票据信息解读：北京柯基展会服务有限公司发生内部转账，金额 30 000.00 元。

在财务云共享中心平台智能化系统录入规则下，要求录入转款类业务票据时，应重点录入票据类型、收款账户、付款账户、业务类型、转款金额等信息。

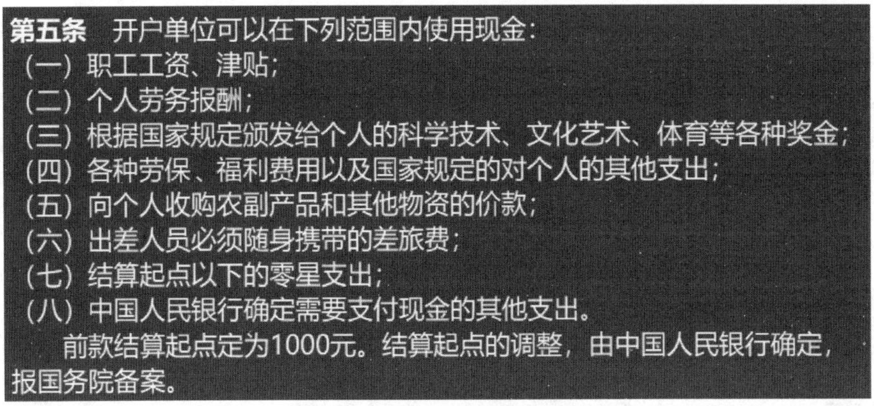

第五条 开户单位可以在下列范围内使用现金：
（一）职工工资、津贴；
（二）个人劳务报酬；
（三）根据国家规定颁发给个人的科学技术、文化艺术、体育等各种奖金；
（四）各种劳保、福利费用以及国家规定的对个人的其他支出；
（五）向个人收购农副产品和其他物资的价款；
（六）出差人员必须随身携带的差旅费；
（七）结算起点以下的零星支出；
（八）中国人民银行确定需要支付现金的其他支出。
前款结算起点定为1000元。结算起点的调整，由中国人民银行确定，报国务院备案。

图 1-2-31 现金的使用范围

以北京柯基展会服务有限公司转款类票据录入为例进行讲解，具体操作步骤如下：
步骤一：点击系统左侧【影像管理系统】—【影像整理】。
步骤二：根据整理扫描会计在每张票据左上角手写的编号，录入系统右侧【票据编号】项目。
步骤三：单击系统右侧【票据类型】下拉菜单，单击【转款】，系统会自动跳转出【收款账户】和【付款账户】项目，如图 1-2-32 所示。

图 1-2-32 转账类票据录入步骤三

步骤四：根据票据上收款人和付款人的信息，单击系统右侧【收款账户】【付款账户】下拉菜单的信息，如图 1-2-33 所示。

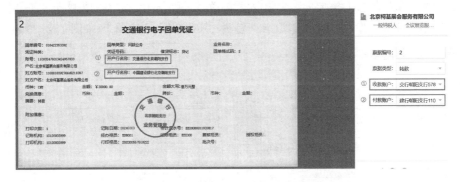

图 1-2-33 转账类票据录入步骤四

步骤五：完成【影像管理系统】—【影像整理】模块的录入工作后，单击系统左侧【智能凭证中心】。

步骤六：财务云共享中心平台转款类票据的业务类型包括三种，分别是"银行转银行""存现""提现"。通常情况下，现金支票涉及"存/取现"业务，银行回单涉及"银行转银行"业务，如图1-2-34所示。

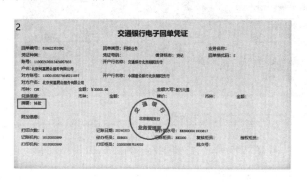

图 1-2-34　转账类票据录入步骤六

步骤七：根据票据上的金额，填写【转款金额】即完成转款类票据录入的全部操作，如图1-2-35所示。

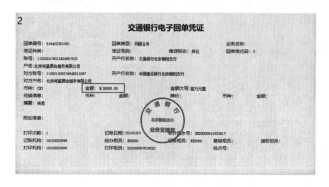

图 1-2-35　转账类票据录入步骤七

4. 采购类票据

企业发生采购业务时，需要向客户索取发票，确认采购支出。常见的采购类业务票据包括电子发票(增值税专用发票)、电子发票(普通发票)、采购合同、入库单等，如图1-2-36所示。

电子发票(增值税专用发票)　　　　　　电子发票(普通发票)

 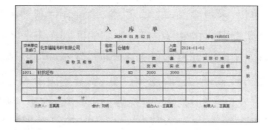

采购合同　　　　　　　　　　　入库单

图 1-2-36　采购类业务票据

采购类发票抵扣分为"专用发票抵扣""待认证发票""客运计算抵扣"和"其他不得抵扣"。一般纳税人收到专用发票时选择"专用发票抵扣";收到的专用发票上面备注"待认证"时,选择"待认证发票",特殊情况下,旅游业收到火车票、飞机票等交通费发票时,选择"客运计算抵扣"。遇到普通发票选择"其他不得抵扣";小规模纳税人不论收到何种形式的发票,均选择"其他不得抵扣"。

特别提醒,目前方圆财务共享中心代理的中小微企业很少有进口采购业务,所以"海关完税抵扣"这种抵扣类别暂时不涉及。

在判别采购类票据时,需要抓住两个关键点:发票名称、购销企业信息。企业发生采购业务,财务部收到发票,通过查看发票购销企业信息,确认本企业应为购买方,客户应为销售方。

北京柯基展会服务有限公司电子发票(增值税专用发票)如图 1-2-37 所示。

图 1-2-37　电子发票(增值税专用发票)(采购类票据票样)

票据信息解读:北京柯基展会服务有限公司向北京盛风工程有限公司购买工程服务,不含税金额 126 400.00 元,可抵扣进项税额 11 376.00 元,价税合计 137 776.00 元。

根据记账模型,录入会计录入采购类业务票据时,票据编号、票据类型、现金结算、现金金额、往来单位、未税金额、税率、税额、价税合计与销售类业务票据录入类似,详情请参见本书销售类票据录入的相关内容,它们的区别在于业务类型、发票抵扣的录入操作。

下面重点对采购类票据中的业务类型、发票抵扣的录入操作进行讲解。

完成票据编号、票据类型、现金结算、现金金额录入工作后,单击系统右侧【业务类型】下拉菜单,根据发票上的货物或应税劳务、服务名称栏,判断选择商品、原材料、固定资产、周转材料、无形资产、服务成本,如表1-2-2所示,是业务类型的划分标准。

表1-2-2 业务类型划分标准

业务类型	行业
原材料	加工制造业
	餐饮业
库存商品	商品流通业
服务成本	物流、网络服务、科技等服务业
固定资产	
无形资产	发票上会用铅笔备注
周转材料(低值易耗品)	

选择【业务类型】后,系统会自动弹出【往来单位】【发票抵扣】【未税金额】【税率】【税额】【价税合计】等项目,如图1-2-38所示。

图1-2-38 采购类票据录入(业务类型)

相对于采购方来说,"往来单位"就是销售方。企业发生赊购业务时,挂账"应付账款","往来单位"需要输入客户全称。因此,需根据发票上销售方信息,单击系统右侧【往来单位】下拉菜单进行选择。

根据电子发票(增值税专用发票)且发票上无备注信息,单击【发票抵扣】下拉菜单,选择【专用发票抵扣】,如图1-2-39所示。

图 1-2-39 采购类票据录入(发票抵扣)

最后,根据发票上的金额,录入【未税金额】【税率】,系统会自动核算出【税额】【价税合计】的数据,即完成了采购类票据的录入工作。

5. 费用类票据

费用报销过程中,常见的原始凭证有差旅费报销单、费用报销单、电子发票(增值税专用发票)、电子发票(普通发票)、定额发票等,部分票据如图 1-2-40 所示。

差旅费报销单　　　　　　　　　　　　报销申请单

增值税普通发票票样(发票联)　　　　　　定额发票票样

图 1-2-40 费用类票据

《中华人民共和国发票管理办法实施细则》中有明确规定,发票的要素包括:商品名称或经营项目、计量单位、数量、单价、大小写金额等内容。

录入会计判别费用类票据时,应重点关注发票的类别、费用的实际受益主体、购买方的性质等。费用类票据的归属分以下几种情况:费用报销单和差旅费报销单。凭票据内容或费用用途可以清楚判断出具体属于哪一类费用。除了内部票据代表企业发生了费用,还可以通过发票联的开票内容判断费用明细。

例如,企业收到一张支付纸制品购买款的电子发票(普通发票),如图1-2-41所示。此发票"货物或应税劳务、服务名称"的内容为"*纸制品*A4纸",本张发票一般企业都记入"办公费"。

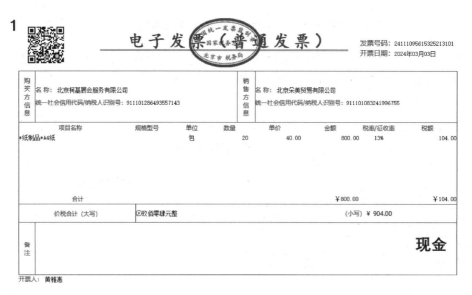

图1-2-41 电子发票票样(普通发票)

费用涵盖范围较宽泛,此处不一一列举。

根据记账模型,录入会计录入费用业务时,票据编号、票据类型、现金结算、现金金额项目与前面介绍的几类票据的录入相同,不再赘述。而业务类型、部门、往来单位、费用详情、发票抵扣等项目录入略有区别。

以下重点对费用类票据中的业务类型、部门、往来单位、费用详情、发票抵扣的录入操作进行讲解。

单击【业务类型】下拉菜单,单击【期间费用】,根据受益原则,判断费用承担部门是管理部门还是销售部门。单击【部门】下拉菜单,选择【管理部】或【销售部】。

如果该费用是现金结算,则无须填写【往来单位】;如果该费用是非现金结算,则需要单击【往来单位】下拉菜单,选择票据上对应的往来单位或者个人信息。

单击【费用详情】下拉菜单,系统内置的依次有办公费、工资、奖金/补贴、单位医社保、单位公积金、低值易耗品、汽车费、所得税纳税调整等项目,根据票据信息作判断选择,本业务产生的费用判断为办公费,如图1-2-42所示。

图 1-2-42　费用类票据录入（费用详情）

发票抵扣情况设置有待认证发票、货运专票抵扣、客运计算抵扣、其他不得抵扣、专用发票抵扣等明细。单击【发票抵扣】下拉菜单，单击【其他不得抵扣】，如图 1-2-43 所示。

图 1-2-43　费用类票据录入（发票抵扣）

最后，手动录入【价税合计】金额，即可完成费用类票据录入的操作，如图 1-2-44 所示。

图 1-2-44　费用类票据录入（价税合计）

实务中,费用的归属问题直接影响企业的利润和纳税核算。因此,正确运用最新财税政策,使企业的利润最大化是录入会计需要具备的一项技能。常见的费用处理问题包括广告费的界定、业务招待费的界定、会议费用的界定等。

6. 付款类票据

企业发生付款业务,财务收到的付款类票据有银行电子缴税付款凭证、住房公积金汇(补)缴书、转账支票存根、银行还款凭证等,如图 1-2-45 所示。

电子缴税付款凭证

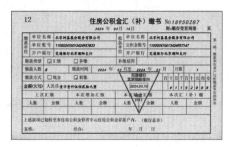
住房公积金汇(补)缴书

现金支票存根

银行回单凭证

图 1-2-45　付款类票据

目前,企业款项结算方式中,普遍采用网银转账。除此之外,中小微企业费用报销以及一般企业小额款项支付,采用现金结算;零售业、服务业针对个人业务,采用支付宝、微信支付结算;而转账支票现在使用较少。

实务中,企业常见的付款类业务有采购付款、支付各项税费、支付职工薪酬、归还借款、利息支出、支付手续费等。

录入会计收到付款类票据时,应重点关注收款人的信息、金额、摘要、附言、用途,以便明确资金的去向,判断该去向的资金属于何种付款业务。

北京柯基展会服务有限公司住房公积金汇(补)缴书如图 1-2-46 所示。

票据信息解读:北京柯基展会服务有限公司支付公司及代扣个人的住房公积金,金额 11 520.00 元。

根据记账模型,录入会计录入付款类业务票据时,票据编号、票据类型、资金账户、发生金额、银行手续费信息录入与前面几类票据信息的录入相同,不再赘述。而业务类型、往来单位等信息录入略有区别。

图 1-2-46 住房公积金汇(补)缴书

以下重点对付款类票据中的业务类型、往来单位的信息录入操作进行讲解。

单击系统右侧【业务类型】下拉菜单,根据付款票据上载明的用途,判断选择业务类型。系统内置的业务类型包括采购(费用)付款、支付税款滞纳金、支付工资、银行手续费、支付个人所得税、缴纳城市维护建设税和教育费附加、缴纳增值税等。

【业务类型】的选择,会影响【往来单位】下拉菜单的选项。例如,企业支付一笔公积金,单击【业务类型】下拉菜单,单击【缴纳公积金】,则系统会自动跳出【个人承担部分】【公司承担部分】两项内容。根据工资表上代扣住房公积金的金额手动输入【个人承担部分】。再根据票面上的金额扣除个人承担部分,将余下的金额填入【公司承担部分】。如图1-2-47 所示。具体的每项下拉菜单不再赘述,请进入财务云共享中心平台体验。

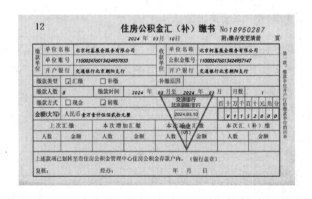 

图 1-2-47 付款类票据录入

7. 工资类票据

通常情况下,企业支付员工工资,需由人力资源部门根据员工的考勤记录、工时记录、产量记录、工资标准等相关信息,提供工资明细表,再由财务部门进行工资汇总、结算等。

实务中,工资类票据有工资汇总表、工资明细表等,如图1-2-48所示。

工资结算汇总表(表五)

单位:元

项目		序号	职工人数/人	计时工资	计件工资	应扣工资		综合奖金	夜班津贴	其他补贴	应付工资
						事假工资	病假工资				
二车间	生产工人	3	37	13520		24	25	1800	310	1788	17369
	管理人员	4	2	730		5		80		84	889
三车间	生产工人	5	42	9610	4260	32	37	2100	140	2028	18069
	管理人员	6	2	950		4	2	100		108	1152
四车间	生产工人	7	25	9160		19	21	1060		1200	11680
	管理人员	8	1	400				40		48	488
五车间	生产工人	9	20	6300		8	12	480		825	7585
	管理人员	10	1	460				20		75	555
行政管理人员		11	16	6798		12	3	810		792	8385
医务人员		12	2	589				80		84	753
六个月以上病假		13	1	320			128			36	228
合计		14	206	71577	4260	145	264	9660	970	9852	95910

工资汇总表截图

工资明细表

单位:元

序号	部门	工号	姓名	应发工资				应减			本月实发	领取时间	领取人
				基本工资	津贴	提成	其它应发	借支	保险	其他			
1	行政人事部	GH001	kid	¥4,000.0	¥200.0	¥0.0	¥0.0	¥0.0	¥120.0	¥0.0	¥4,080.0	2020/1/15	kid
2	行政人事部	GH002	shy	¥4,000.0	¥200.0	¥0.0	¥0.0	¥0.0	¥120.0	¥0.0	¥4,080.0	2020/1/15	shy
3	行政人事部	GH003	tian	¥4,000.0	¥200.0	¥0.0	¥0.0	¥0.0	¥120.0	¥0.0	¥4,080.0	2020/1/15	tian
4	销售部	GH004	ning	¥3,000.0	¥150.0	¥3,000.0	¥350.0	¥0.0	¥120.0	¥0.0	¥6,380.0	2020/1/15	ning
5	销售部	GH005	jacklove	¥3,000.0	¥150.0	¥3,000.0	¥350.0	¥0.0	¥120.0	¥0.0	¥6,380.0	2020/1/15	jacklove
6											¥0.0		
7											¥0.0		
8											¥0.0		
9											¥0.0		
10											¥0.0		
合计				¥18,000.0	¥900.0	¥6,000.0	¥700.0	¥0.0	¥600.0	¥0.0	¥25,000.0	/	/

工资明细表

图1-2-48 工资类票据

企业员工工资的组成包括:工资、加班费、奖金、津贴、补贴、职工福利费、社会保险费、住房公积金、职工教育经费、工会经费等。其中,社会保险费指基本养老保险费、基本医疗保险费、失业保险费、工伤保险费、生育保险费等。基本养老保险费、基本医疗保险费和失业保险费,是由企业和个人共同缴纳的,生育保险费、工伤保险完全则是由企业承担的。社会保险的月缴费基数一般按照职工上年度全年工资的月平均值来确定的,每年确定一次,且一经确定以后,一年内不再变动。

根据《中华人民共和国企业所得税法实施条例》第四十条规定,企业发生的职工福利费支出,不超过工资薪金总额14%的部分,准予扣除。大中型企、事业单位为了均衡费用,职工福利费应当在实际发生时根据实际发生额计入当期损益或相关资产成本。对于一些中小微企业来说,企业本身就没有几个人,大部分职员不需要缴纳个人所得税,与一些大公司比起来薪资表就显得比较简单。

录入会计收到工资类票据时,应学会从票据中获取数据,比如本月应发员工工资数是多少,实发员工工资数是多少,代扣社保费金额是多少等。

北京柯基展会服务有限公司工资表如图 1-2-49 所示。

2024年03月工资表 单位:元

姓名	应发工资	代扣养老保险	代扣医疗保险	代扣失业保险	代扣住房公积金	三险一金合计	专项附加扣除	代扣个人所得税	扣款合计	实发工资
林贤升	9700.00	776.00	194.00	19.40	1164.00	2153.40	3000.00		2153.40	7546.60
陈家俊	7300.00	584.00	146.00	14.60	876.00	1620.60	2000.00		1620.60	5679.40
石锦灵	6000.00	480.00	120.00	12.00	720.00	1332.00	2000.00		1332.00	4668.00
汪晓红	5000.00	400.00	100.00	10.00	600.00	1110.00	2000.00		1110.00	3890.00
陈国杰	5000.00	400.00	100.00	10.00	600.00	1110.00	2000.00		1110.00	3890.00
卓泽豪	5000.00	400.00	100.00	10.00	600.00	1110.00	2000.00		1110.00	3890.00
林菊泽	5000.00	400.00	100.00	10.00	600.00	1110.00	2000.00		1110.00	3890.00
范嘉辉	5000.00	400.00	100.00	10.00	600.00	1110.00	2000.00		1110.00	3890.00
合计	48000.00	3840.00	960.00	96.00	5760.00	10656.00	17000.00		10656.00	37344.00

制单:石锦灵　　　　　　　　　　　　　　　　　审核:陈家俊

图 1-2-49　工资表

票据解读:3 月份应付工资总金额为 48 000.00 元,代扣三险一金总金额为 10 656.00 元,实发工资总金额为 37 344.00 元。

根据记账模型,录入会计录入工资类业务票据时,票据编号、票据类型与前面几类票据的信息录入相同,而应发工资、代扣社保、代扣公积金、代扣个人所得税(简称"个税")、实发工资等信息录入略有区别。

因此,重点对工资类票据中的应发工资、代扣社保、代扣公积金、代扣个税、实发工资领域的信息录入操作进行讲解。

单击系统右侧【业务类型】下拉菜单,根据给出的票据信息,判断并选择业务类型。系统内置的业务类型包括工资、奖金/补贴。

选择【业务类型】后,系统会自动弹出【往来单位】【应发工资】【代扣公积金】【代扣个税】【实发工资】,不同的选择会影响系统是否自动弹出【代扣社保】项目。

根据工资表中的应付工资金额合计,录入【应发工资】;根据表中的代扣养老保险、代扣医疗保险、代扣失业保险的金额相加额,录入【代扣社保】;根据代扣住房公积金金额合计,录入【代扣公积金】;根据代扣个人所得税金额合计,录入【代扣个税】;完成以上几项录入,系统会自动算出【实发工资】,如图 1-2-50 所示。

图 1-2-50　工资类票据信息录入

8. 成本类票据

产品成本是为生产产品而发生的各种耗费的总和,通常是企业存货的主要构成内容。成本着重于按产品进行归集,一般以材料费用分配表、产品成本计算表等为计算依据,如图1-2-51所示。

材料费用分配表　　　　　制造费用分配表

产品成本计算表　　　　　入库单

图1-2-51　成本类票据

不同行业,产品成本的核算内容也不尽相同。加工制造业的产品成本归集与分配,通过产品成本明细表按照成本项目归集相应的生产费用,将当月发生的生产成本,加上月初在产品成本,在完工产品和月末在产品之间进行分配,以求得本月完工产品成本。

分配生产费用时应结合企业的生产特点、在产品数量的多少、各月在产品数量变化的大小,以及定额管理基础的好坏等具体情况。

而商品流通企业直接依据进销存计算表,结转销售商品成本。大多数小微企业,由于购进商品品种繁多,单位价格又不是很高,所以一般在"库存商品"总账下不会设置二级明细科目进行核算。

这里提醒大家,部分服务行业不涉及成本结转,而是在发生时直接记录到"主营业务成本——服务成本"科目,因此,在进行票据分类时归属于采购类票据。具体参见采购类票据录入要点的内容。

因此,录入会计在录入成本类票据前,应先判断企业的行业类型以及业务类型,从票据信息中获取成本金额。

上海华裳商贸有限公司销售成本计算表如图1-2-52所示。

票据解读:月底,企业结转销售成本,金额为250 000.00元(即本期出库金额)。

根据记账模型,录入会计录入成本类业务票据信息时,应关注以下业务信息:业务类型、成本金额等。

项目一 财税共享

销售成本计算表
2024-01-31
金额单位：元

产品名称	单位	期初		本期入库		本期出库		本期结存	
		数量	金额	数量	金额	数量	金额	数量	金额
开衫	件	500	250000.00	200	100000.00	500	250000.00	200	100000.00
合计			250000.00		100000.00		250000.00		100000.00

审核：李月　　　　　　　　　　　　　　　　　　　　　制表：张悦

图 1-2-52　销售成本计算表

单击系统右侧【业务类型】下拉菜单，根据材料的名称，判断选择业务类型。系统内置的业务类型包括原材料结转和库存商品结转。

选择【业务类型】后，系统会自动弹出【成本金额】，根据表中的本期出库金额合计，录入【成本金额】，如图1-2-53所示。

图 1-2-53　成本类票据录入

9. 其他类票据

除了以上八大业务类型的划分，实务中，有些业务票据内容无法明确归类到这八大业务类型中，比如盘亏盘盈、票据贴现、出售或出租固定资产、捐赠支出、研发支出、分配职工教育经费、计提个税、结转未交增值税、计提附加税、计提借款利息、计提所得税等，财务云共享中心平台固有的记账模式则将这些业务票据内容归类到"其他"。系统是无法将其他类票据信息自动生成记账凭证的，需要手动录入。

因此，财务云共享中心平台需要手动录入记账凭证的票据内容有固定资产折旧明细表、未交增值税计算表、应交所得税计算表、库存现金盘点表等所提供的内容，如图1-2-54所示。

固定资产折旧明细表

库存现金盘点表

	未交增值税计算表		
		2024年3月31日	金额单元：元
项目	进项税额	销项税额	本月未交增值税
增值税	14 936.00	22 200.00	7 264.00
合计	14 936.00	22 200.00	7 264.00

审核：陈家俊　　　　　　　　　　制单：石锦灵

未交增值税计算表

	应交城市维护建设税与教育费附加计算表			
			2024年03月31日	单位：元
税种	计税依据	计税金额	税率	应纳税额
城市维护建设税	增值税	6517.20	7%	456.20
教育费附加	增值税	6517.20	3%	195.52
地方教育费附加	增值税	6517.20	2%	130.34
合计				782.06

审核：陈家俊　　　　　　　　　　编制：石锦灵

应交城市维护建设税与教育费附加计算表

图1-2-54　其他类票据

其他类票据信息录入工作较为特殊。首先，录入会计需要根据票据判断业务类型，解读票据信息。其次，要能够根据票据做账务处理，信息录入平台。

北京柯基展会服务有限公司结转未交增值税计算表如图1-2-55所示。

未交增值税计算表

2024年3月31日　　　　　金额单元：元

项目	进项税额	销项税额	本月未交增值税
增值税	14 936.00	22 200.00	7 264.00
合计	14 936.00	22 200.00	7 264.00

审核：陈家俊　　　　　　　　　　制单：石锦灵

图1-2-55　结转未交增值税计算表

票据解读：月末，企业计提未交增值税7 264.00元。

录入会计进行其他类票据信息的录入工作时，需完成【影像管理系统】—【影像整理】模块和【特殊凭证】—【手工录入】模块的操作。

这里以北京柯基展会服务有限公司结转未交增值税录入为例进行讲解。具体操作如下：

步骤一：填写票据编号，单击系统右侧【票据类型】下拉菜单，单击【其他（手工凭证）】，如图1-2-56所示。

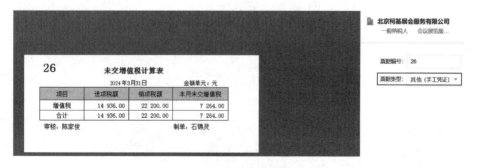

图1-2-56　其他类票据信息录入步骤一

步骤二:完成【影像管理系统】—【影像整理】模块的录入工作后,单击系统左侧【特殊凭证】—【手工录入】,如图 1-2-57 所示。

图 1-2-57　其他类票据信息录入步骤二

步骤三:根据图 1-2-58 上方的票据或表单,填写图下方的记账凭证。主要填写的信息有记账凭证摘要、下拉菜单选择会计科目、借方金额、贷方金额。最后,点击【保存】即可,如图 1-2-58 所示。

未交增值税计算表

2024年3月31日　　　　　金额单元:元

项目	进项税额	销项税额	本月未交增值税
增值税	14,936.00	22,200.00	7,264.00
合计	14,936.00	22,200.00	7,264.00

审核:陈家俊　　　　　　　　　　　制单:石锦灵

记账凭证

记字第 3 号　日期 2024-03-31　附单据 1 张

摘要	会计科目	借方金额	贷方金额
结转未交增值税	22210104 应交税费-应交增值税-转…	7264.00	
结转未交增值税	222102 应交税费-未交增值税		7264.00
合计		7264.00	7264.00

审核:　　　　　　过账:　　　　　　制单:

图 1-2-58　其他类票据信息录入步骤三

为了提高工作效率,对于常见的业务类型,做完录入工作后,可单击【设为模板】,待下次录入相同类型的业务票据信息时,只需单击【获取模板】修改相应的金额即可。

以上介绍的是常见的其他类票据的录入操作。而在财务云共享中心平台中,【特殊凭证】模块下单独设立了【费用摊销】。【费用摊销】核算跨期费用、固定资产、无形资产三项费用。

企业发生费用摊销业务时,需由整理扫描会计将期初数据录入平台,再由录入会计登录平台获取数据并进行操作。

这里以北京柯基展会服务有限公司计提固定资产折旧费录入为例进行讲解。具体操作如下:

步骤一:单击系统左侧【特殊凭证】菜单,单击【费用摊销】,如图1-2-59所示。

图1-2-59 费用摊销录入步骤一

步骤二:单击【固定资产】,单击【同步教师数据】如图1-2-60所示。

图1-2-60 费用摊销录入步骤二

步骤三:单击【生成凭证】,系统则自动生成计提固定资产折旧的账务处理。

财务云共享中心平台内置【查看备注】【查凭证】等功能,为录入会计在操作过程中对票据判断模糊不清、出现差错等问题,提供指引和解决的路径。

录入会计录入票据时,可能因为票据信息不全,无法准确判断出票据类型或者结算方式,也可能因为票据信息模糊不清,无法获取正确的票据信息,此时需要使用【查看备注】功能。单击【查看备注】,读取票据补充说明的信息,如图1-2-61所示。

图 1-2-61　查看备注

和电算化下的会计信息处理相同,录入会计完成票据信息录入工作后,系统虽然会自动生成记账凭证,但还是应做记账凭证的审核工作。单击系统左侧【查凭证】,可进行凭证的审核、反审核、一键整理凭证号、导出凭证等操作,如图 1-2-62 所示。

图 1-2-62　查凭证

本工作任务介绍的票据业务类型划分,是财务云共享中心平台的记账模式。实务中,各个财务云共享中心使用的信息化系统票据录入规则略有差异,票据业务类型划分也会有所区别,但基本的原理和方法是一样的。

三、业务训练

登录财务云共享中心平台完成北京万舞培训有限公司的票据录入操作,任务要求如下:
(1) 整理票据,读懂票据信息,进行票据分类;
(2) 审核票据重点内容,将审核无误的票据信息扫描上传至财务云共享中心平台(扫描的工作可以查看相关视频);
(3) 完成票据信息录入工作。

任务三　财税审核

【知识目标】熟悉财务共享服务中心工作规范和工作流程;掌握财务云共享中心平台

财税审核的操作流程。

【技能目标】能够按照会计准则、财务制度等规定,审核原始单据的正确性、合法性和合理性,对不符合要求的内容退回修改;能够对自动记账的凭证进行账证、账账核对;能够按照相关政策法规和财务制度进行折旧计提、损益结转等期末工作,能够审核凭证的正确性、合法性和合理性,对差错进行处理,并完成结账工作;能够按照报表编制要求,利用财务云共享中心平台自动生成财务报表,对财务报表进行审核,并对差错进行处理。

【素质目标】爱岗敬业,工作细致,责任感强,具备良好的学习能力、独立工作能力、沟通能力、团队协作精神。

任务导入

图 1-3-1 财税审核任务导入情景

每月,当财务共享中心的录入会计完成票据整理信息录入工作后,系统将自动生成记账凭证,审核会计对记账凭证进行审核、过账后,系统会自动完成总账及明细账的登记工作,并自动生成相应的资产负债表、利润表。

尽管系统自动完成了凭证、财务报表的处理,但其结果正确与否还需要审核会计的再次复核(图 1-3-1),以保证每笔经济业务的会计科目使用正确、金额无误、附件完整,保证各项税费计算正确,保证财务报表各项数据准确及表间勾稽关系无误。

一、业务流程

在财务云共享中心中,录入会计完成前期的票据信息录入工作后,后续的工作将交由审核会计,进行凭证审核、过账、结转损益,然后再次对结转损益生成的记账凭证进行审核、过账,最后生成财务报表并结账,如图 1-3-2 所示。

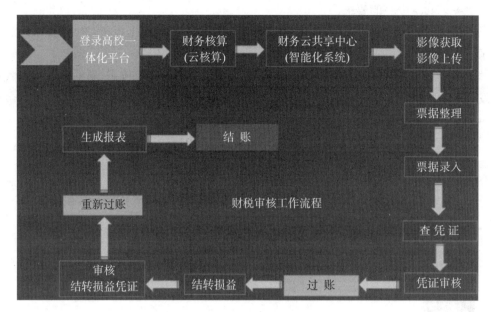

图 1-3-2　财税审核工作流程

其中,在后续的一系列工作环节中,审核会计应对凭证、账簿、报表进行审核。根据审核的业务内容,可以划分为原始凭证审核、记账凭证审核、主要账户审核、期末事项审核、财务报表审核、纳税申报审核,如图 1-3-4 所示。

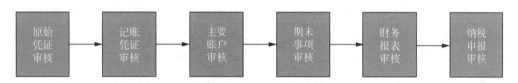

图 1-3-3　财税审核的业务内容

二、业务操作

(一)原始凭证的审核

原始凭证又称"单据",是在交易或事项发生或完成时取得或填制的,用以记录或证明交易或者事项的发生或完成情况的文字凭证。根据会计基础工作规范的规定,只有经过审核无误的原始凭证,才能作为编制记账凭证和登记账簿的依据。

因此,审核原始凭证时,要保证原始凭证所记载的经济业务的确是所记载企业所发生的,内容真实可靠、合理合法。对于企业外部取得的原始凭证,必须保证各项目齐全准确,比如单位名称、纳税人识别号、单位地址、电话、开户行、账号、货物或应税劳务及服务名称、税收编码、税率等。而企业自制的原始凭证,应保证手续完备、内容完整。

财务共享中心要求审核会计认真完成原始凭证的审核工作,有效保证核算结果的准确性。实务工作中,企业核算会计对原始凭证的审核内容较多,这里所列举的审核工作可满足财务云共享中心的要求。

对北京柯基展会服务有限公司电子发票（普通发票）进行票据审核，发票见图1-2-41所示。

审核要点：①审核发票的真伪，可通过网上查询、扫描发票二维码、电话查询等方式进行发票真伪的查询；②审核购销方信息是否正确，发票日期是否为当月；③审核发票金额是否和合同金额相符。

操作方法：点击【查凭证】—【修改】菜单，即可查看每张记账凭证对应的原始凭证，如图1-3-4所示。

图1-3-4　原始凭证的审核

（二）记账凭证的审核

为了保证账务处理的质量，在结转损益前应对记账凭证进行严格的审核。财务云共享中心平台的记账凭证，是根据录入会计录入的票据信息，由系统自动生成的。因此，审核记账凭证时，关注的重点应是生成的会计科目的应借、应贷方是否正确，账户的对应关系是否清晰；记账凭证是否有原始凭证为依据，且所附原始凭证的内容是否与记账凭证一致。

以北京柯基展会服务有限公司采购业务为例，记账凭证审核工作如图1-3-5所示。

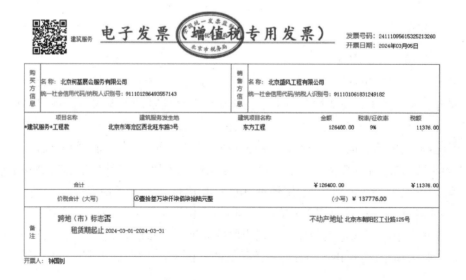

记账凭证

记字第 4 号		日期：2024-3-31	附单据：1 张

摘要	会计科目	借方金额	贷方金额
采购服务成本	540101 主营业务成本-服务成本	126400.00	
采购服务成本	22210101 应交税费-应交增值税-进项税额	11376.00	
采购服务成本	220201 应付账款-北京盛风工程有限公司		137776.00
合计：		137776.00	137776.00

审核： 　　　　过账： 　　　　制单：zzcs01

图 1-3-5　记账凭证的审核

审核要点：①采购服务成本的会计分录是否正确；②"主营业务成本——服务成本"的金额是否等于发票金额栏的金额；"应交税费——应交增值税——进项税额"的金额是否等于发票税额栏的金额；发票中没有"现金"字样，说明价税合计金额应挂往来，记入"应付账款"。

操作方法：审核会计单击【查凭证】—【预览】菜单，即可查看单张记账凭证，如图1-3-6所示；也可以单击【查凭证】—【修改】菜单，查看每张记账凭证对应的原始凭证，如图 1-3-7 所示。

审核会计对记账凭证逐笔核对无误后，单击【查凭证】，勾选已核对过的记录，单击【审核】按钮，即可完成对记账凭证的审核，如图 1-3-8 所示。

完成凭证审核操作后，即可单击【账务处理】—【过账】菜单进行过账，如图 1-3-9 所示。过账后，表示凭证的数据已经全部登记到账簿上。

记账凭证

记字第 5 号		日期：2024-3-31	附单据：1 张

摘要	会计科目	借方金额	贷方金额
采购固定资产	16010105 固定资产-电子设备-苹果电脑	6138.46	
采购固定资产	22210101 应交税费-应交增值税-进项税额	798.00	
采购固定资产	220202 应付账款-北京方大电器有限公司		6936.46
合计：		6936.46	6936.46

审核： 　　　　过账： 　　　　制单：zzcs01

图 1-3-6　查看记账凭证

图 1-3-7 记账凭证与原始凭证核对

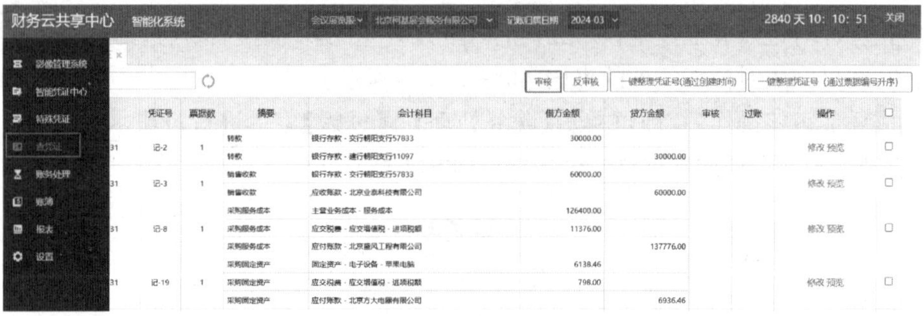

图 1-3-8 凭证审核

图 1-3-9 过账

(三) 主要账户的审核

除了对以上每一笔经济业务逐笔进行凭证审核之外,还需要根据账户的性质和记账规则,对主要账户进行审核。实务工作中,审核会计应重点审核资金类账户、往来款项账户、存货类账户、固定资产/无形资产备抵账户、应付职工薪酬账户、应交税费账户以及损益类账户等。

1. 资金类账户的审核

资金类账户主要指库存现金和银行存款。库存现金作为资产类账户,应保证不能出现贷方余额。而银行存款账户,应保证银行存款日记账的本期发生额、余额与银行对账单一致。

审核要点:①将银行日记账的本期借方金额与银行对账单的本期贷方金额、银行日记账的本期贷方金额与银行对账单的本期借方金额以及期末余额进行核对;②检查是否存在未达账项;③若存在未达账项,需审核银行存款余额调节表(图1-3-10)。

项目	金额	项目	金额
企业银行存款日记账余额	4500	银行对账单余额	3800
加:银行已收企业未收	480	加:企业已收银行未收	1480
减:银行已付企业未付	240	减:企业已付银行未付	540
调节后的存款余额	4740	调节后的存款余额	4740

图1-3-10 银行存款余额调节表

操作方法:登录财务云共享中心平台,查找银行存款日记账、银行对账单(图1-3-11),单击【影像管理系统】—【影像获取】,再单击【账簿】—【三栏式明细账】。选择银行存款下对应的二级科目,查看银行存款日记账,根据摘要将银行存款日记账和银行对账单的金额进行核对。

2. 往来款项账户的审核

实务中,往来款项往往容易出现问题。例如对账不及时,久而久之就会出现呆账;会计处理不规范,把应收账款计入其他应收款,导致后期资金结算麻烦等。因此,需要做好内部控制,保证应收应付往来单位清晰、金额准确。

审核时,首先需要根据科目余额表中"应收账款"的二级明细科目查找对应客户明细账;其次需要对当月的期初余额、本期借方发生、本期贷方发生、期末余额进行一一核对。

某公司针对同一供应商设置的明细账如下(图1-3-12、图1-3-13)。

存在的问题:在采购业务中针对同一家供应商既有欠款又有预付款,有些混乱。

在实务中,往来业务比较多的企业,为了对账方便,针对一个供应商,经常只设置一个"应付账款"明细科目,记账时可以将预付的款项挂在"应付账款"的借方,贷方还是反映应付而未付的款项。下面我们将上述两个明细科目进行合并(图1-3-14)。

招商银行 账务明细清单

页码 1/2

开户银行：北京亦庄支行　　账单所属期间：20171101 20171130
账号：110925487410806　　活期结算户　　货币：10 人民币
账户名称：北京雨麦青田科技发展有限公司

日期	起息日	业务类型	票据号	摘要	冲账标记 借方/贷方金额	余额
171101	171101	汇入汇款		货款	16,313.00	77,482.82
171101	171101	分红	2017110130360707		334.77	77,817.59
171102	171102	汇入汇款		货款	320.00	78,137.59
171103	171103	对公转账出	0171102202338	神其美吉货款	-12,276.40	65,861.19
171103	171103	对公转账出	0171102202449	神其美吉货款	-4,174.00	61,687.19
171104	171104	网银费用		网银支付手续费	-10.23	61,676.96
171104	171104	网银费用		网上银行服务费	-50.00	61,626.96
171105	171105	费用		#北京社保	-1,467.08	60,159.88
171108	171108	汇入汇款			3,950.00	64,109.88
171108	171108	税款		OOTX:000990;20171108:99017 11089534741	-7,254.46	56,855.42
171108	171108	对公转账出	0171108213233	恒圣光环货款	-17,442.00	39,413.42
171109	171109	税款		OOTX:000990;20171109:99017 11099603138	-123.20	39,290.22
171109	171109	税款		OOTX:000990;20171109:99017 11099603142	-379.42	38,910.80
171111	171111	汇入汇款			16,180.00	55,090.80
171113	171113	汇入汇款		货款	29,160.00	84,250.80
171113	171113	对公转账出	0171111161047	神其美吉货款	-5,305.00	78,945.80
171113	171113	对公转账出	0171111130025	神其美吉货款	-7,616.00	71,329.80
171113	171113	对公转账出	0171111130106	神其美吉货款	-208.00	71,121.80
171113	171113	对公转账出	0171111130207	神其美吉订货货款	-1,600.50	69,521.30
171113	171113	对公提回货		提回贷记:00270987755,其他	34,600.00	104,121.30
171113	171113	对公提回货		提回贷记:00271199617,汇兑	170.00	104,291.30
171114	171114	汇入汇款		材料款	8,688.00	112,979.30
171114	171114	蓝紫费	3080111091794816		-30,000.00	82,979.30
171114	171114	其他收入		北京安利杰安全防范科技有限公司	200.00	83,179.30
171114	171114	汇入汇款		货款	11,750.00	94,929.30
171115	171115	对公转账出	0171111161226	工资	-4,955.00	89,974.30
171115	171115	对公转账出	0171111161305	工资	-2,651.80	87,322.50
171115	171115	对公转账出	0171111161343	工资	-4,955.00	82,367.50
171115	171115	对公转账出	0171114211653	神其美吉货款	-28,109.00	54,258.50
171115	171115	对公转账出	0171114211815	神其美吉货款	-1,642.00	52,616.50
171115	171115	对公转账出	0171114215043	天津突破电气货款	-16,660.00	35,956.50

第1页，共2页　　打印时间：2017年12月03日20时

页码 2/2

招商银行 账务明细清单

开户银行：北京亦庄支行　　账单所属期间：20171101 20171130
账号：110925487410806　　活期结算户　　货币：10 人民币
账户名称：北京雨麦青田科技发展有限公司

日期	起息日	业务类型	票据号	摘要	冲账标记 借方/贷方金额	余额
171115	171115	授出借记			42,900.00	78,856.50
171118	171118	对公转账出	0171117721011T	神其美吉货款	-13,905.00	64,951.50
171120	171120	对公转账出	0171118115040	神其美吉货款——订货	-1,626.00	63,325.50
171121	171121	汇入汇款			15,000.00	78,325.50
171122	171122	对公转账出	0171121220208	神其美吉货款	-2,274.00	76,051.50
171122	171122	汇入汇款		货款	2,520.00	78,571.50
171122	171122	汇入汇款		货款	1,620.00	80,191.50
171122	171122	汇入汇款		货款	3,184.00	83,375.50
171122	171122	汇入汇款		货款	600.00	83,975.50
171122	171122	汇入汇款		货款	265.00	84,240.50
171123	171123	汇入汇款		货款	11,209.00	95,449.50
171123	171123	对公转账出	0171122210445	神其美吉货款——订货	-980.00	94,469.50
171123	171123	对公提回货		提回贷记:00277677214,其他	4,296.00	98,765.50
171124	171124	对公转账出	0171123214634	神其美吉货款	-19,344.00	79,421.50
171125	171125	对公转账出	0171124203651	神其美吉货款	-5,404.00	74,017.50
171127	171127	汇入汇款			2,970.00	76,987.50
171127	171127	汇入汇款			1,890.00	78,877.50
171128	171128	汇入汇款			132.00	79,009.50
171129	171129	对公转账出	0171128205123	神其美吉货款（发票下月开）	-3,204.00	75,805.50
171130	171130	汇入汇款		货款	30,950.00	106,755.50
171130	171130	汇入汇款		采购物料	2,920.00	109,675.50

第2页，共2页　　打印时间：2017年12月03日20时

项目一　财税共享

会计科目	日期	凭证号	摘要	借方金额	贷方金额		余额	操作
100201 银行存款 交行朝阳支行57833	03-01		期初余额	3599329.00	3387527.83	借	5395758.30	
100201 银行存款 交行朝阳支行57833	03-31	记-1	销售收款	60000.00		借	5455758.30	预览
100201 银行存款 交行朝阳支行57833	03-31	记-2	转账	30000.00		借	5485758.30	预览
100201 银行存款 交行朝阳支行57833	03-31	记-10	销售收款	84800.00		借	5570558.30	预览
100201 银行存款 交行朝阳支行57833	03-31	记-11	缴纳增值税及附加税费		7949.12	借	5562609.18	预览
100201 银行存款 交行朝阳支行57833	03-31	记-13	缴纳医社保		18240.00	借	5544369.18	预览
100201 银行存款 交行朝阳支行57833	03-31	记-14	缴纳公积金		11520.00	借	5532849.18	预览
100201 银行存款 交行朝阳支行57833	03-31	记-16	销售收款	222600.00		借	5755449.18	预览
100201 银行存款 交行朝阳支行57833	03-31	记-19	采购（离用）付款		177776.00	借	5617673.18	预览
100201 银行存款 交行朝阳支行57833	03-31	记-20	支付银行手续费		80.00	借	5617593.18	预览
100201 银行存款 交行朝阳支行57833	03-31	记-24	利息收入	391.80		借	5617984.98	预览
100201 银行存款 交行朝阳支行57833	03-31		本日合计	397791.80	175565.12	借	5617984.98	
100201 银行存款 交行朝阳支行57833	03-31		本期合计	397791.80	175565.12	借	5617984.98	
100201 银行存款 交行朝阳支行57833	03-31		本年累计	3997120.80	3563092.95	借	5617984.98	

图 1-3-11　银行对账单

应付账款——美吉公司

	摘要	借方金额	贷方金额		余额
	期初余额			平	
记-21	11月美吉采购		31,179.90	贷	31,179.90
记-23	11月美吉采购		73,284.00	贷	104,463.90
记-30	支付美吉货款	16,450.40		贷	88,013.50
记-40	支付美吉货款	13,129.00		贷	74,884.50
记-49	支付美吉货款	29,751.00		贷	45,133.50
记-52	支付美吉货款	13,905.00		贷	31,228.50
记-55	支付美吉货款	2,274.00		贷	28,954.50
记-60	支付美吉货款	24,748.00		贷	4,206.50
记-64	支付美吉货款	3,204.00		贷	1,002.50
	本期合计	103,461.40	104,463.90	贷	1,002.50

图 1-3-12　应付账款明细账

预付账款——美吉公司

	摘要	借方金额	贷方金额		余额
	期初余额			借	25,097.00
记-21	11月美吉采购		25,097.00	平	
记-41	预付美吉货款	1,600.50		借	1,600.50
记-53	预付美吉货款	1,626.00		借	3,226.50
记-59	预付美吉货款	980.00		借	4,206.50
	本期合计	4,206.50	25,097.00	借	4,206.50
	本年累计	134,299.70	130,093.20	借	4,206.50

图 1-3-13　预付账款明细账

```
              应付账款——美吉公司
期初余额：    25,097.00
本期发生额
              16,450.40         31,179.90
              13,129.00
              29,751.00         73,284.00
              13,905.00
               2,274.00         25,097.00
              24,748.00
               3,204.00
               1,600.50
               1,626.00
                 980.00

期末余额：     3,204.00
```

图 1-3-14 合并账户

合并处理后，我们可以清晰地看到该公司并不欠供应商美吉公司货款，"应付账款——美吉公司"明细科目，借方余额表示预付的货款有 3 204.00 元。

3. 存货类账户的审核

在企业中，存货经常处于不断销售、耗用、购买或重置状态，具有较快的变现能力和明显的流动性。存货类账户包括原材料、库存商品、在途物资、材料采购等，审核会计审核该类账户，应保证不能出现贷方余额。

审核注意事项：

①审核原材料、库存商品的出入库单据，是否由相关负责人签字。

②审核期末存货明细账余额，确定明细账余额与实际库存余额是否相符。

③审核是否存在残次冷背的存货，影响存货的价值；如果存在，是否按规定计提了存货跌价准备。

4. 应交税费账户的审核

"应交税费"用来核算企业应缴纳的各种税费，包括增值税、所得税、附加税等。审核会计应审核应交税费各明细科目发生额、余额，确保准确无误。

对于一般纳税人应交增值税的审核，"应交税费——应交增值税（销项税额）"专栏贷方合计金额应与"增值税专用发票汇总统计表""增值税普通发票汇总统计表""电子普通发票汇总统计表"中"实际销项税额"核对无误，同时也应含按无票收入计算的增值税销项税额；"应交税费——应交增值税（进项税额）"专栏借方合计金额应与进项税额认证清单核对无误。

审核要点：①通过科目余额表，可以查找"应交税费——应交增值税——销项税额"本期发生额、期末余额；②与该账户的明细账核对金额，若发现有金额不符的，通过凭证号查找问题。

小规模纳税人应交税费的审核，"应交税费——应交增值税"明细科目应与增值税开票汇总统计表核对无误。一定要注意是否享受增值税减免政策。

在保证增值税计算准确无误的情况下，再计算附加税费。例如，城市维护建设税、教育费附加、地方教育附加等，同样要注意相关附加税费的减免政策。

5. 损益类账户的审核

季度末，计算企业所得税时，要保证"营业收入""营业成本""利润总额"的金额与相关科目核对无误。例如，将企业所得税计算表中的营业收入项目与"主营业务收入""其他业务收入"项目的加总金额核对。

审核要点：①营业收入包括主营业务收入和其他业务收入；②企业所得税计算表中的营业收入项目，应等于主营业务收入与其他业务收入当月发生额合计。

实务中，主要账户的审核范围较广，这里不一一展开。审核会计应充分运用职业判断，熟练掌握账户之间的关系，以及账户与账簿、报表、税费的勾稽关系，做好审核工作。

主要账户审核无误后，即可结转损益。登录财务云共享中心平台，单击【账务处理】—【结转损益】—【结转损益】，系统会自动生成结转损益的记账凭证，如图1-3-15所示。

图1-3-15　结转损益

（四）期末事项的审核

月末，审核会计需要对期末事项涉及的相关数据进行审核，常见的期末事项包括计提固定资产折旧、计提无形资产摊销、计提职工工资、房屋租金摊销、结转损益等，应确保计提、摊销、结转事项均无遗漏。

1. 计提固定资产折旧的审核

通常情况下，企业采用直接法计提折旧。审核会计可通过查看固定资产费用摊销表，查看当月折旧额是否有异常，是否有新增的固定资产或者处置固定资产。

审核要点：①固定资产的入账时间；②月折旧额是否异常；③固定资产是否发生增减变动。

审核固定资产折旧时，可单击【特殊凭证】—【费用摊销】—【固定资产】，查看固定资产折旧表。

2. 计提职工工资的审核

对计提的职工工资、社保金额与工资表、社保计算表中的金额进行核对，保证数据准确无误。

3. 结转损益的审核

期末，应将各损益类账户的金额结转至"本年利润"，结转后无余额。因此，月末需检查是否生成损益结转的记账凭证，结转后损益类账户应无余额。

登录财务云共享中心平台，单击【账簿】—【多式明细账】，选择科目后单击【查询】，每个损益类账户都要点进去查看是否无余额，如图1-3-16所示。

图1-3-16 损益类账户的审核

审核损益类账户是否全部结转至"本年利润"账户，如图1-3-17所示。

摘要	会计科目	借方金额	贷方金额
结转本期损益	3103 本年利润		124049.87
结转本期损益	500102 主营业务收入-服务收入	370000.00	
结转本期损益	530101 营业外收入-其他	300.00	
结转本期损益	530105 营业外收入-附加税减征额	420.92	
结转本期损益	540101 主营业务成本-服务成本		152400.00
结转本期损益	540304 税金及附加-城市维护建设税		508.48
结转本期损益	540305 税金及附加-教育费附加		217.92
结转本期损益	540306 税金及附加-地方教育附加		145.28
结转本期损益	560102 销售费用-广告费		3500.00
结转本期损益	560201 管理费用-办公费		904.00
结转本期损益	560202 管理费用-工资		48000.00
结转本期损益	560204 管理费用-单位医社保		13344.00
结转本期损益	560205 管理费用-单位公积金		5760.00
结转本期损益	560206 管理费用-固定资产折旧		1628.19
结转本期损益	560209 管理费用-业务招待费		1590.00
结转本期损益	560210 管理费用-水电费		1600.00
结转本期损益	560211 管理费用-通讯费		400.00
结转本期损益	560301 财务费用-手续费		80.00
结转本期损益	560302 财务费用-利息收入		-452.95
结转本期损益	571105 营业外支出-捐赠支出		5000.00
结转本期损益	580101 所得税费用-当年		12046.13
合计		370720.92	370720.92

图1-3-17 结转损益的审核

完成损益结转生成记账凭证后,仍需对该凭证进行审核、过账。具体操作与凭证审核、过账相同,请登录财务云共享中心平台体验。

(五) 财务报表的审核

财务报表是财务核算的最终产品,为了保证其数据准确无误,就必须清楚表内及表间的勾稽关系。

在财务云共享中心平台中,单击【账务处理】—【过账】,系统会自动生成财务报表,如图 1-3-18 所示。

图 1-3-18　生成财务报表

审核会计可通过单击【报表】查看资产负债表、利润表,如图 1-3-19 所示。

图 1-3-19　财务报表

实务中,一般企业的财务报表包括资产负债表、利润表、现金流量表等。审核会计如何审核表内以及表间的勾稽关系呢?

1. 资产负债表的审核

资产负债表是反映企业财务状况的报表,包括资产、负债、所有者权益三个会计要素,且三要素之间的总体关系如下所示:

$$资产=负债+所有者权益$$

在资产负债表中,首先要保证表内关系正确,即"资产＝负债＋所有者权益"。其次是表间关系,资产负债表报表项目"货币资金"期末余额应与现金流量表中的"期末现金及现金等价物余额"相等;资产负债表中项目"未分配利润"期末余额与期初余额相减,差额应等于本期利润表中的"本年累计净利润"。

下面以北京柯基展会有限公司资产负债表审核为例进行讲解。

对北京柯基展会服务有限公司资产负债表的表内勾稽关系进行审核,如图1-3-20所示。

资产	期末余额	年初余额	负债和所有者权益（或股东权益）	期末余额	年初余额
流动资产：			流动负债：		
货币资金	5680246.65	5345828.85	短期借款		
短期投资			应付票据		
应收票据	10000.00	20000.00	应付账款	479276.46	330000.00
应收账款	198220.00	170800.00	预收账款	35000.00	35000.00
预付账款	8720.00		应付职工薪酬		
应收股利			应交税费	20181.81	16523.12
应收利息			应付利息		
其他应收款			应付利润		
存货	60000.00	40000.00	其他应付款		
其中：原材料			其他流动负债		
在产品			流动负债合计	534458.27	381523.12
库存商品	60000.00	40000.00	非流动负债：		
周转材料			长期借款		
其他流动资产			长期应付款		
流动资产合计	5957186.65	5576628.85	递延收益		
非流动资产：			其他非流动负债		
长期债券投资			非流动负债合计		
长期股权投资			负债合计	534458.27	381523.12
固定资产原价	75638.46	69500.00			
减：累计折旧	34191.99	29307.42			
固定资产账面价值	41446.47	40192.58			
在建工程					
工程物资					
固定资产清理					
生产性生物资产			所有者权益（或股东权益）：		
无形资产			实收资本（或股本）	5000000.00	5000000.00
开发支出			资本公积		
长期待摊费用			盈余公积	120000.00	120000.00
其他非流动资产			未分配利润	344174.85	115298.31
非流动资产合计	41446.47	40192.58	所有者权益（或股东权益）合计	5464174.85	5235298.31
资产总计	5998633.12	5616821.43	负债和所有者权益（或股东权益）总计	5998633.12	5616821.43

图1-3-20 资产负债表的审核

审核要点:①表内填列内容是否完整,如日期是否漏填、有关人员签章是否齐全等;②表内相关数据是否准确,如将表内左右两边项目数字分别相加,计算资产总额是否等于负债总额与所有者权益总额之和;③表内综合项目中的填列是否正确,如资产负债表"年初余额"栏内各项数字与上年末资产负债表的"期末余额"栏内所列数字是否一致。

资产负债表与现金流量表的核对审核要点:资产负债表中项目"货币资金"期末余额应等于本期现金流量表中的"期末现金余额"。

北京柯基展会服务有限公司资产负债表与利润表的核对如图 1-3-21 所示。

利润表

编制单位：北京柯基展会服务有限公司　　202403　　单位：元

项　目	本期金额	本年累计
一、营业收入：	370000.00	1065428.56
减：营业成本	152400.00	598400.00
税金及附加	871.68	2782.46
其中：消费税		
城市维护建设税	508.48	1596.48
资源税		
土地增值税		
城镇土地使用税、房产税、车船税、印花税		45.63
教育费附加、矿产资源补偿费、排污费	363.20	1140.35
销售费用	3500.00	3500.00
其中：商品修理费		
广告费和业务宣传费	3500.00	3500.00
管理费用	73226.19	216506.69
其中：开办费		
业务招待费	1590.00	4590.00
研究费用		
财务费用	-372.95	-594.15
其中：利息费用（收入以"-"号填列）	-452.95	-774.15
加：投资收益（损失以"-"号填列）		
二、营业利润（亏损以"-"号填列）	140375.08	244833.56
加：营业外收入	720.92	3389.11
其中：政府补助		
减：营业外支出	5000.00	7300.00
其中：坏账损失		2300.00
无法收回的长期债券投资损失		
无法收回的长期股权投资损失		
自然灾害等不可抗力因素造成的损失		
税收滞纳金		
三、利润总额（亏损总额以"-"号填列）	136096.00	240922.67
减：所得税费用	12046.13	12046.13
四、净利润（净亏损以"-"号填列）	124049.87	228876.54

图 1-3-21　资产负债表和利润表的核对

审核要点：资产负债表报表中项目“未分配利润”期末余额与年初余额相减，差额为 228 876.54 元，应等于本期利润表中的“净利润”。

2. 利润表的审核

利润表是反映企业在一定会计期间经营成果的财务报表。系统生成利润表后，需与“本年利润”科目的发生额、余额进行核对，保证数据准确无误。

3. 现金流量表的审核

现金流量表是反映一定时期内（如月度、季度或年度）企业经营活动、投资活动和筹资活动对其现金及现金等价物所产生影响的财务报表。审核时需将本期报表中的“货币资金”项目期末余额与上月资产负债表中“货币资金”项目期末余额相减，看差额是否与报表中“现金及现金等价物净增加额”项目的金额相同。

目前，财务云共享中心平台仅内置资产负债表、利润表，审核会计只需确认这两张报表的数据无误即可。

（六）纳税申报的审核

根据《中华人民共和国税收征收管理法》的规定，纳税人必须依照法律、行政法规规定或者税务机关依照法律、行政法规的规定确定的申报期限、申报内容如实办理纳税申报，报送纳税申报表、财务会计报表以及税务机关根据实际需要要求纳税人报送的其他纳税资料。

在财务云共享中心平台产生的会计数据，经审核无误后，应按规定进行纳税申报。

通常情况下，中小微企业主要申报的税种包括：增值税、企业所得税、个人所得税、城市维护建设税、教育费附加、地方教育附加、印花税等。审核会计应重点审核税费计算表与纳税申报的数据是否一致。

各税种纳税申报时所需审核的资料如表 1-3-1 所示。

表 1-3-1　各税种纳税申报资料审核

税种	审核的资料
增值税	未交增值税计算表、应纳增值税额计算表
企业所得税	应纳所得税计算表、所得税计算表
个人所得税	个人所得税计算表
附加税费	税金及附加计算表

其中,企业进行增值税纳税申报时,应重点关注应纳税额的计算以及适用税率(或征收率)。根据当月的经济业务,判断是否有视同销售的业务、非正常损失、免税项目、加计抵减等。

审核要点:①申报前,将科目余额表中"应交税费——应交增值税"明细科目与未交增值税计算表的数据进行核对;②申报后,将申报表与发票认证清单内的数据进行核对;③考虑是否发生进项税额转出、留抵税额、加计抵减税额、预缴税额,本月有无发生相关业务。

完成这一系列的审核工作后,即可结账。登录财务云共享中心平台,单击【账务处理】—【结账】—【期末结账】则表示各账户余额结清或结转下期,账户记录告一段落,如图 1-3-22 所示。

图 1-3-22　结账

三、业务训练

登录财务云共享中心平台完成北京万舞培训有限公司的财税审核操作,任务要求如下:
(1) 审核原始凭证的真实性、合规性,剔除不合规的票据;
(2) 审核系统生成的记账凭证上所载的会计分录是否正确,是否与原始凭证的金额相对应;
(3) 审核资金账户、往来款项账户、工资类账户、应交税费账户是否合理;
(4) 审核是否进行损益结转,损益类账户是否有余额;
(5) 审核资产负债表、利润表的表内关系和表间关系是否正确;
(6) 审核当月的增值税纳税申报是否正确。

任务四　期末结账

【知识目标】

了解财务机器人期末结账的操作过程。初步感知财务机器人平台操作全流程的内容和环节。

【技能目标】

能正确使用财务机器人进行期末结账。

【素质目标】

强调会计人员职业道德的树立,要求学生通过财务机器人对企业票据处理全流程进行学习,培养理论联系实际、实事求是的工作作风和科学严谨的工作态度。

任务导入

方圆财务共享中心档案管理员小雪通过财务机器人平台完成了北京飞达物流有限公司12月份的业务凭证审核后即需要进行期末结账,以便生成财务报表供北京飞达物流有限公司进行使用。

财务机器人平台对企业票据处理的全流程与财务云共享中心的处理流程极其类似,唯一的区别点在于财务机器人平台利用智能工作直接读取票据信息,不需要人工录入票据信息。本任务主要讲解采用智能财务机器人进行期末结账的流程。

一、业务流程

在账簿本期所有的会计业务全部处理完毕之后,就可以进行期末结账了。在经过影像文件获取、内容识别、凭证审核的操作流程后,将本期所有会计业务处理完,要进行下一个会计期间的处理前,必须将本期的账务全部进行结账处理,系统才能生成报表,进入下一个会计期间。相关流程如图1-4-1所示:

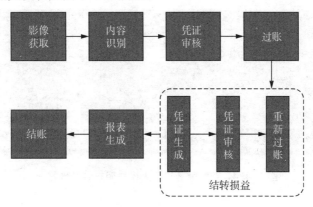

图1-4-1　操作全流程

二、业务操作

步骤一:凭证审核后即可进行过账,等同于手工记账下的登记账簿。过账后即可在账簿中查询相关科目的明细。进入系统后(图1-4-2),若使用智能财务共享中心模块,则选择【智能财务共享中心】—【账务处理】—【结账】—【期末结账】;若使用智能财务机器人模块,则选择并点击【智能财务机器人】,点击系统左侧菜单栏【账务处理】—【过账】,根据年份月份,单击【过账】。图1-4-2为智能财务共享中心模块期末结账流程,图1-4-4〜图1-4-7为智能财务机器人模块结账流程。

图1-4-2 主界面

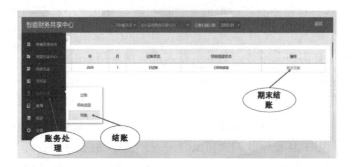

图1-4-3 智能财务共享中心模块期末结账流程

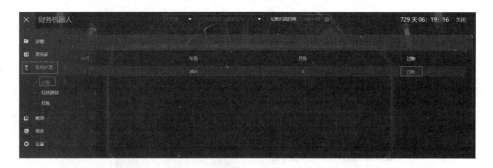

图1-4-4 智能财务机器人模块期末结账步骤一

步骤二:当所有的凭证处理结束且完成审核工作后,即可在【账务处理】中结转损益。点击【结转损益】,确认后,系统会对期末损益类科目进行自动结转,无须手工录入损益类科目的结转分录。单击系统左侧菜单栏【账务处理】—【结转损益】,再根据已结账的账务处理,单击【结转损益】,如图1-4-5所示。

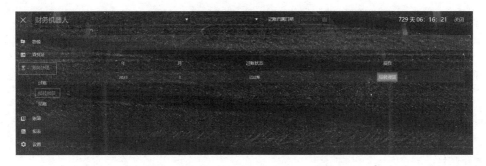

图1-4-5　智能财务机器人模块期末结账步骤二

步骤三:因为结转损益后模块重新生成了损益凭证,所以需要重新审核凭证。单击系统左侧菜单栏【查凭证】,找到结转损益的会计凭证进行勾选,单击【审核】。

步骤四:单击系统左侧菜单栏的【账务处理】—【过账】,单击【重新过账】,如图1-4-6所示。

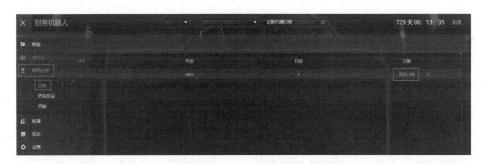

图1-4-6　智能财务机器人模块期末结账步骤三

步骤五:确认所有的凭证(包括结转损益的分录)均已完成审核、过账操作,资产负债表与利润表生成后即可进行期末结账。结账后系统自动跳转至下月。单击系统左侧菜单栏【账务处理】—【结账】,单击【期末结账】,即表示完成结账,如图1-4-7所示。

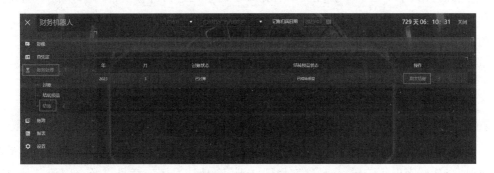

图1-4-7　智能财务机器人模块期末结账步骤四

在平台操作过程中，如果当月还有票据未在系统中完成账务处理及不允许结账，则需要进行反方向操作，反向操作流程如图1-4-8所示。

图1-4-8 平台反向操作步骤

三、业务训练

请登录财务共享（财务机器人）平台完成广州好创广告有限公司（2023年3月）的相关业务操作。

（1）在财务共享平台进行智能识别的操作，生成相关业务的记账凭证；

（2）对智能识别生成的记账凭证进行期末处理的操作，包括审核凭证、过账、结账、生成报表。

任务五　档案管理

【知识目标】了解会计档案管理的业务流程以及会计档案管理技能的要点。

【技能目标】掌握会计档案管理具体操作步骤，能够按照档案管理工作操作规范，将打印单据、税务资料、合同等纸质资料装订成册，并妥善保管。

【素质目标】培养学生主动遵守职业道德规范，保守秘密，建立财务共享思维，并思考和解决企业在实际财务中遇到的问题。

任务导入

每个账期结束后，会计人员需要将相关会计资料及时打印出来并做好分类，并根据会计档案保管要求和保管期限对会计档案进行妥善保管。

方圆财务共享中心档案管理员小雪完成了北京飞达物流有限公司12月份的业务处理及相关的纳税申报工作，接下来档案管理员小雪应根据档案管理操作规范进行会计资料的整理与保管工作（图1-5-1）。

会计资料主要可分为以下四类：

（1）会计凭证，包括原始凭证、记账凭证；

（2）会计账簿，包括总账、明细账、日记账、固定资产卡片及其他辅助性账簿；

（3）财务会计报告，包括月度、季度、半年度、年度财务会计报告；

（4）其他会计资料，包括银行存款余额调节表、银行对账单、纳税申报表、会计档案移交清册、会计档案保管清册、会计档案销毁清册、会计档案鉴定意见书及合同等其他具有保存价值的会计资料。

项目一 财税共享

图 1-5-1 档案管理任务导入情景

实务中的会计资料样式如图 1-5-2 所示。

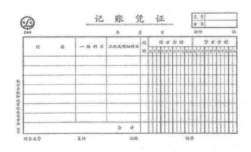

图 1-5-2 会计资料

一、业务流程

方圆财务共享中心的会计完成12月份的业务处理和纳税申报以后,应登录信息化账务处理系统,将会计凭证、会计账簿及财务会计报告等资料打印出来,再登录电子税务局打印纳税申报表,登录开票系统打印增值税专用发票汇总表、发票清单等资料,资料打印完后进行整理并装订成册,最后进行分类、归档和保管。会计档案管理的业务流程如图1-5-3所示:

图1-5-3 会计档案管理的业务流程

二、业务操作

下面学习会计档案管理技能要点、具体要求及操作步骤。

(一) 会计资料打印

实务中,会计人员在月末需打印记账凭证、财务报表以及各类申报表,在年度终了时,需打印会计账簿中的总账、明细账、日记账及辅助账等。打印会计资料前需注意的事项如表1-5-1所示。

表1-5-1 会计资料打印注意事项

会计资料类别	注意事项
记账凭证	核实凭证相关内容是否经过审核,是否已经结账
财务报表	检查报表是否平衡,勾稽关系是否正确
纳税申报表	检查申报数据是否正确
会计账簿	检查明细账是否有遗漏
其他会计资料	发生时及时打印,如:银行余额调节表、税务稽查结论、税务申请报告、会计档案移交清册等

下面分别从记账凭证的打印、会计账簿的打印、财务报表的打印和其他会计资料的打印四个方面来学习会计资料打印的具体操作及要点。

1. 记账凭证的打印

记账凭证是会计资料的重要组成部分,在打印记账凭证前需准备好凭证打印纸,凭证打印纸可根据公司具体的情况进行选择。一般情况下,财务软件会配套相应的凭证打印纸(见图1-5-4),便于后续整理。实务中,大部分企业会采用断点式通用凭证打印纸,这种凭证打印纸可以适用于大多数财务软件。凭证打印纸一般到文具店或在网上购买。实际工作中,有些小企业每个月的凭证数量比较少,可以直接使用A4纸打印,不便之处就是要自行切割凭证。

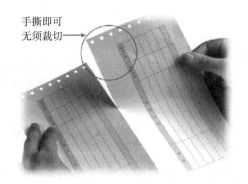

图 1-5-4　记账凭证打印纸

打印凭证时还需要用到打印机,市场上可选用的打印机有激光打印机、喷墨打印机或针式打印机等。实务中,激光打印机(见图 1-5-5)的打印清晰度较高、耗材省、速度快,是大多数企业的首选。个别小型企业没有购买专门的凭证打印机,也可采用针式打印机,但速度相对较慢。

图 1-5-5　激光打印机

选择好打印机后,根据凭证打印纸的尺寸大小完成打印机自定义纸张的设置,先调试打印机,然后进入信息化账务处理系统,单击【凭证查询】菜单,选择需要打印的记账凭证,点击【打印】即可,如图 1-5-6 所示。

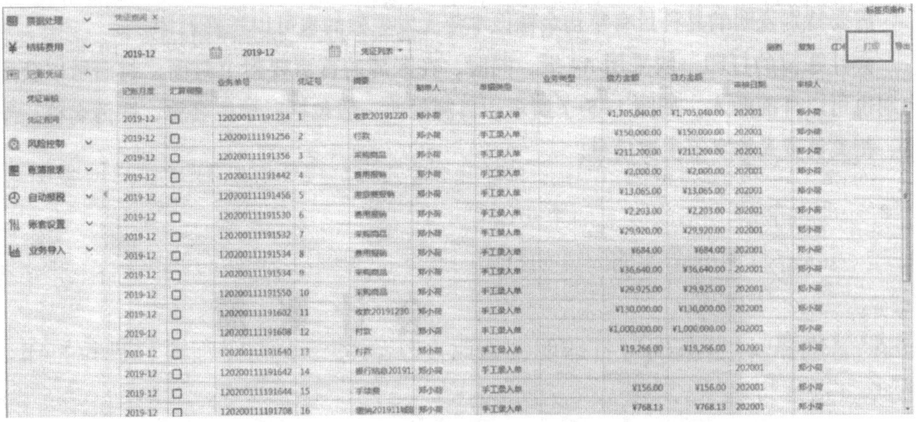

图 1-5-6　记账凭证打印

2. 会计账簿的打印

需打印的会计账簿包括总账、明细账、日记账。总账和明细账一般是年末结账后或需要时打印。日记账原则上要求每天打印并对账,但也可以根据业务量满页之后再打印,等每年结完账,第二年打印账簿时,要重新打印现金日记账和银行存款日记账并进行存档。

（1）总账打印

登录信息化账务处理系统,单击主菜单上的【账簿】—【总账】选项,弹出总账打印窗口。总账打印时应完成以下三个步骤：

步骤一：选择打印的会计期间。如打印一整年的总账,开始时间：20××年1月；结束时间：20××年12月。

步骤二：选择"科目范围"。如开始科目：1001；结束科目：6602。

步骤三：设置级次范围。按默认的1级~1级；打印,如图1-5-7所示。

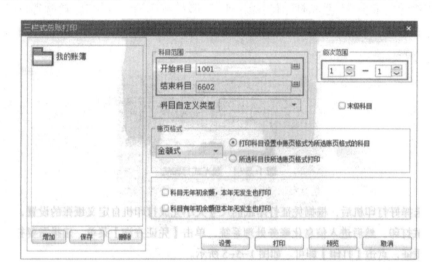

图1-5-7 总账打印

需要特别说明的是科目有年初余额但本年无发生额的也可以选择打印。

会计账簿的打印一般采用A4纸,同时,在账簿的首页要附上封面,封面可以公司自制,也可以外面购入,如图1-5-8所示。自制封面的内容一般包括单位名称、账簿名称、年度、相关负责人签字等主要信息。

（2）明细账打印

登录信息化账务处理系统,单击主菜单上的【账簿】—【明细账】选项,弹出明细账打印窗口。打印明细账时应完成以下两个步骤：

步骤一：选择打印的会计期间。如打印一整年的明细账,开始时间：20××年1月；结束时间：20××年12月。

步骤二：选择"科目范围",打印明细账时要注意选择末级明细科目进行打印,如图1-5-9所示。

为了方便整理,打印明细账时应按照科目类别依次打印,如先打印资产类的科目,科

图 1-5-8　会计账簿封面

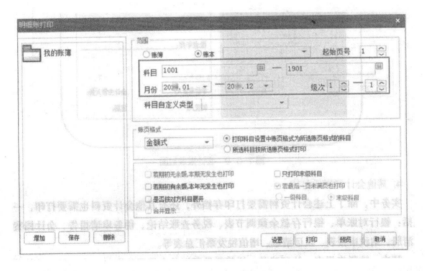

图 1-5-9　明细账打印

目代码是 1001 至 1901，科目级别是 1 级到最末级。同时还要注意，明细账格式分为三栏式、多栏式和数量金额式，涉及这三种格式的科目最好分开打印。

明细账跟总账一样，一般都是采用 A4 纸打印，明细账封面的要求与总账的封面要求相类似，请参考总账封面要求的相关内容。

（3）日记账打印

实际工作中，不同企业出纳登记日记账的方式各不相同，有通过纸质订本式账簿手动登记的,有通过 Excel 表格登记的,还有在信息化账务处理系统中登记的,具体是否需要打印保存,可根据公司实际情况操作。

3. 财务报表的打印

财务报表,也称"会计报表",可根据公司情况按月、季度、半年、年度进行打印。打印财务报表时,登录信息化账务处理系统,单击【报表】模块,选择需要打印的财务报表,单击【打印】即可。实务中,有些信息化账务处理系统在打印财务报表时,需要将财务报表以 Excel 表格形式导出后才能进行打印。

打印出来的财务报表要附上报表封面,报表封面可以购买,也可以自行打印,封面内容主要包括单位名称、报表年份及相关负责人签字等,如图 1-5-10 所示。

图 1-5-10　会计报表封面

4. 其他会计资料的打印

实务中,除了上述会计资料需要打印存档外,还有其他会计资料也需要打印,一般包括:银行对账单、银行存款余额调节表、税务稽查结论、税务申请报告、会计档案移交清册、纳税申报表、认证清单、增值税发票汇总表等。其中,纳税申报表、认证清单、增值税发票汇总表等税收资料,应在每月或每季度纳税申报完成后立即打印;而其他会计资料则应在发生时及时打印。在此重点介绍纳税申报表打印、认证清单打印、增值税发票汇总表打印。

(1) 纳税申报表打印

打印纳税申报表时,登录电子税务局,点击【我要办税】—【税费申报及缴纳】,单击【申报查询及打印】。选择需要打印的报表期间,单击【导出 PDF】后进行打印即可,如图 1-5-11 所示。

图 1-5-11 纳税申报表打印

(2) 认证清单打印

打印认证清单时,可进入【网上认证】模块,点击【查询管理】—【认证通知书】,打印认证结果通知书;也可以通过【增值税发票选择确认平台】—【抵扣统计】模块,先选择【申报抵扣发票统计表】,同时单击【抵扣明细下载】将其下载并打印出来,如图 1-5-12 所示。

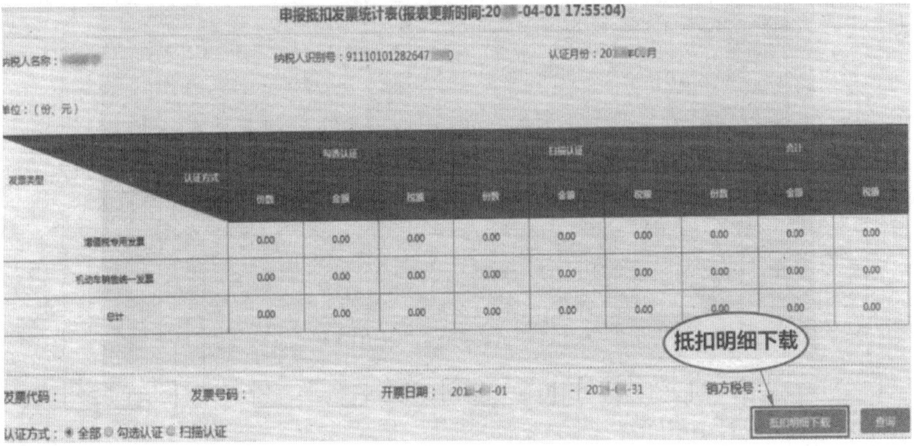

图 1-5-12 申报抵扣发票统计表打印

(3) 增值税发票汇总表打印

增值税发票汇总表一般是在"开票软件"中进行打印,进入【开票软件】—【报税处理】,单击【月度统计】,选择需要打印的发票种类、打印期间,单击【打印】即可,如图 1-5-13 所示。

实际工作中,每个地区的税务申报系统及信息化账务操作系统功能会略有差异,因此,打印其他会计资料的界面也有所不同,可先熟悉一下各企业的软件系统再进行打印。

(二) 会计资料整理

会计资料打印完成后,要对其进行整理。实务中,整理凭证时要确保记账凭证不断号、不跳号,检查记账凭证上所载的日期、金额、经济业务与后附的原始凭证是否一一对

图 1-5-13　发票汇总表打印

应,并将原始凭证附在对应的记账凭证后面,如图 1-5-14 所示。

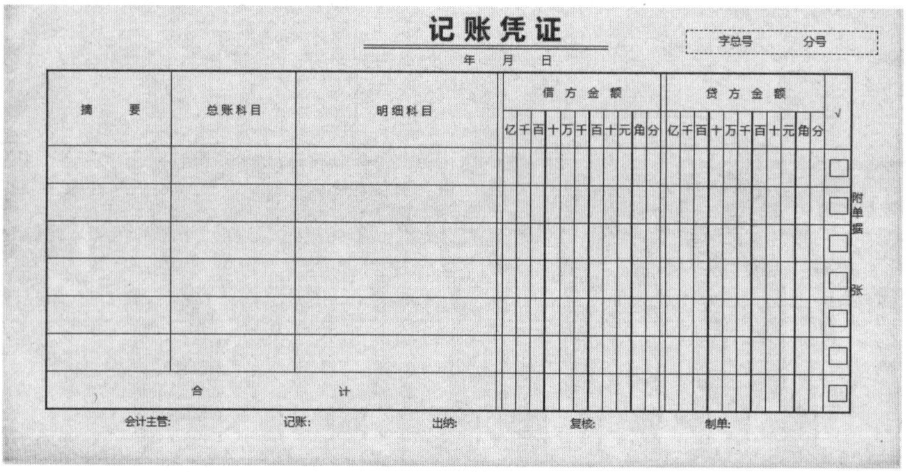

图 1-5-14　记账凭证

实务中,如果记账凭证所附原始凭证数量较多,记账凭证可以分册整理,同时在记账凭证封面注明共几册,当前为第几册;也可以将原始凭证单独装订保管,但应在其封面及有关记账凭证上备注说明后面附的原始凭证在原始凭证本的第几页。

记账凭证整理完成后,还要整理会计账簿、财务报表等其他资料,打印的会计账簿的整理相对比较简单,可分别按照日记账、总账、明细账、辅助账的顺序进行排列,如果打印的账簿较多,可根据情况拆成几册分别装订,同时,要在封面上注明当册账簿的年份,且每一册应按顺序编号。

会计资料打印完成后,会计人员要对其进行整理,整理过程中应注意以下几点:

(1) 确保凭证不断号、不跳号;

(2) 确保记账凭证上所记载的日期、金额、经济业务与后面附的原始凭证一一对应,

避免出现原始凭证不对应或是遗漏的现象;

(3) 确保凭证上的订书钉等金属物已经清除;

(4) 原始凭证较多时,可分册整理,同时在记账凭证封面注明共几册,当前为第几册;

(5) 确保会计账簿是按照日记账、总账、明细账、辅助账的顺序进行排列;

(6) 确保财务报表等其他资料已按照会计期间一一整理,避免出现遗漏。

(三) 会计资料装订

会计资料整理完成后,要分类装订成册,主要包括记账凭证的装订、会计账簿的装订和财务报表的装订。

1. 记账凭证的装订

装订记账凭证时要准备会计凭证封面、封底、包角、打孔机等材料,装订时分为以下四个步骤:

(1) 整理会计凭证、放置封面、封底与包角。将凭证封皮和封底分别附在凭证前后,在左上角放上凭证包角,并拿夹子将包角连同准备装订的凭证夹住,并将其固定好。

(2) 打孔、装订。在包角折线上的适当位置(一般为折角线上 0.2~0.5 厘米处)用铅笔画出 2 个装订点并打孔装订。

(3) 折叠并粘贴包角。将包角按顺序,先向上翻折,再向左侧翻折,并涂抹上胶水将其与凭证贴紧。

(4) 填写账册信息。在封面和包角侧面填写企业和账册信息。

记账凭证的装订具体操作如图 1-5-15 所示。

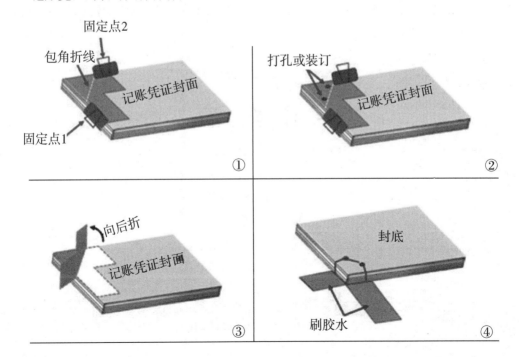

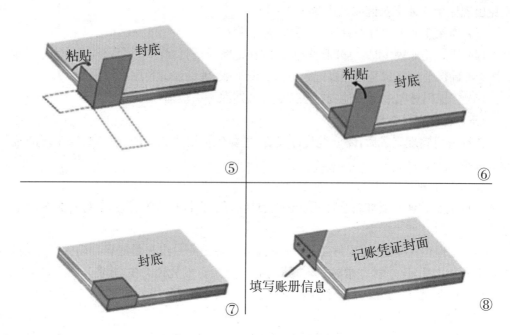

图 1-5-15　记账凭证的装订步骤

2. 会计账簿的装订

装订会计账簿时,要将账簿封面附在对应账簿的首页,如图 1-5-16 所示。实务中,装订账簿时,有些企业会用装订机将账簿装订成册,有些企业用夹子将账簿固定,具体可根据企业的要求进行装订。

图 1-5-16　会计账簿装订顺序

3. 财务报表的装订

装订财务报表时只要将报表从上到下排列并对齐,附上报表的封面和封底就可以装订成册了,如图1-5-17所示。报表装订成册后,要将封面的报表信息填写完整。

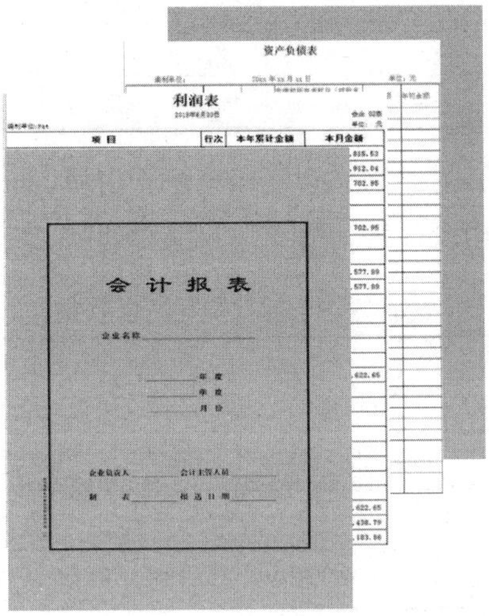

图 1-5-17 财务报表装订顺序

实务中,其他会计资料的装订较为简单,如合同装订,只需将合同分类整理后用订书机装订起来即可。

(四) 会计资料建档

当年形成的会计资料按照归档要求装订成册后,应分类并以册为单位装进档案盒归档,同时应编制会计档案保管清册。

在建档资料收集过程中,可以通过会计资料建档清单(如表1-5-2所示)对资料的准确性、完整性、可用性、安全性进行审核,审核无误后归档入库。应注意电子会计资料的数据是否齐全,且文件格式是否符合国家档案管理的有关规定;特殊格式的电子会计资料是否与其读取平台上的一致。如果发现企业提供的资料不全,应及时做好沟通工作,补全归档资料。

表 1-5-2 会计资料建档清单

项目		形式	册数	凭证号码区间
一、会计凭证	年　月			
	年　月			
	年　月			
二、账册	总账			
	明细账			
	日记账			
三、会计报表	资产负债表			
	利润表			
	现金流量表			

续表

项目	形式	册数	凭证号码区间
四、纳税申报表			
五、其他			

收集完各类归档资料后,需要制作会计档案保管清册,如表1-5-3所示。会计档案保管清册应包含:序号、类别、档案标题、起止时间、保管期限、卷内页数、备注。

表 1-5-3　会计档案保管清册

序号	类别	档案标题	起止时间	保管期限/年	卷内页数/页	备注
1	凭证	20××年3月记账凭证(一)	20××年3月1日至20××年3月10日	30	50	
2	凭证	20××年3月记账凭证(二)	20××年3月11日至20××年3月20日	30	36	
3	凭证	20××年3月记账凭证(三)	20××年3月21日至21××年3月31日	30	45	

完成会计档案保管清册的填写后,将其打印出来,一式三份,一份自留存档,一份交给公司,一份交给档案管理部。

最后,将资料装进档案盒,并填写好档案盒封面和盒脊信息。一般会计资料归档所需的档案盒可以分为两类:会计档案(凭证)盒、会计档案盒,如图1-5-18所示。资料装盒完毕后,就可以上架归档了。

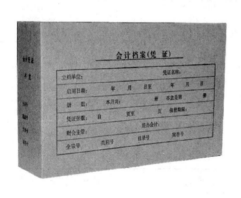

图 1-5-18　会计档案盒

(五)会计档案保管

根据《会计档案管理办法》中的规定,在会计年度终了后,当年形成的会计档案可由单位会计管理机构临时保管1年(最长不超过3年),再移交单位档案管理机构保管。临时保管期间,出纳人员不得兼管会计档案。档案保管过程中,档案管理人员应重点关注保管方式、保管期限、档案销毁、档案借阅四方面内容。

1. 保管方式

会计档案一般分为纸质会计档案和电子会计档案。纸质会计档案和电子会计档案保管的种类相同,均包括会计凭证、会计账簿、财务报告以及其他会计资料。

(1) 纸质会计档案的保管

实际工作中,会计档案多以纸质形式保存。纸质会计档案应按顺序分类进行存放,注意防火、防潮、防污、防窃、防蛀、防鼠。

(2) 电子会计档案的保管

随着信息技术的发展,很多公司积极采用数字化处理方式,将纸质会计资料(包括合同)扫描转化为数字化文件,存储在计算机光盘以及磁介质内。这些会计数据等电子会计档案在保管时应注意如下事项:

第一,对数据光盘、磁盘等电子会计档案分类后按一定顺序进行编号,标明时间和文件内容,制作档案管理文件卡片。

第二,定期进行检测,及时做好数据维护工作,做好防压、防光、防尘、防腐蚀、防病毒、防磁化等工作。

第三,做好数据备份工作,备用盘与储存盘分离放置,并设立备查登记簿,提供备份时间、数量、保管方式等备份信息。

2. 保管期限

会计档案的保管期限,从会计年度终了后的第一天算起。比如:2022年形成的会计档案,保管期限从2023年1月1日算起。

根据《财政部 国家档案局 关于规范电子会计凭证报销入账归档的通知》(财会〔2020〕6号),企业从外部接收的电子形式的各类会计凭证,除法律和行政法规另有规定外,同时满足相关条件的,企业可以仅使用电子会计凭证进行报销入账归档,符合档案管理要求的电子会计档案与纸质档案具有同等法律效力。除法律、行政法规另有规定外,电子会计档案可不再另以纸质形式保存。

会计档案的保管期限分为永久、定期两类,定期保管期限分为5年、10年和30年,如表1-5-4所示。

表1-5-4 会计档案保管期限表

序号	永久	30年	10年	5年
1	年度财务会计报告	会计凭证	银行对账单	固定资产卡片 (固定资产报废清理后保管5年)
2	会计档案保管清册	会计账簿	银行存款余额调节表	
3	会计档案销毁清册	会计档案移交清册	纳税申报表	
4	会计档案鉴定意见书	其他辅助性帐簿	财务会计报告 (月度、季度、半年度)	

3. 档案销毁

企业应定期对已到保管期限的会计档案进行鉴定,并形成会计档案鉴定意见书。经鉴定,仍需继续保存的会计档案,应当重新划定保管期限;对保管期满,确无保存价值的会计档案,可以销毁。

销毁会计档案应编制会计档案销毁清册,列明拟销毁会计档案的名称、卷号、册数、起止年度、档案编号、应保管期限、已保管期限和销毁时间等内容。

4. 档案借阅

企业应建立档案借阅审批制度,经过有关负责人审批同意方可查阅、借阅相关财务档案。如果会计档案在单位会计管理机构,一般经过单位会计管理机构负责人批准即可。如果会计档案已经移交单位档案管理机构保管,则要经过单位负责人和单位档案管理机构保管负责人批准,按照档案管理的有关规定办理借阅手续。

三、业务训练

根据《会计档案管理办法》中的相关规定,掌握不同种类会计资料保管方式和保管期限,完成业务训练,任务要求如下:

1. 完成会计档案管理要求的会计资料打印、整理、装订、建档;
2. 制作会计资料建档清单、会计档案保管清册;
3. 填写会计档案保管期限表(见表1-5-5)。

表1-5-5 会计档案保管期限表

序号	永久	30年	10年	5年
1				
2				
3				
4				

项目二　服务共享

任务一　发票的申领与使用

【知识目标】掌握电子税务局平台上的发票申请、发票开具、发票保管的操作流程。
【技能目标】能够根据相关政策和流程进行发票申请和购买；能够正确进行开票操作。
【素质目标】培养学生严肃认真、严谨细致的工作态度。

任务导入

厦门友佳商贸有限公司与方圆财务共享中心签订委托代理记账协议。协议约定，方圆财务共享中心应为该公司办理工商设立、银行开户、税务报到等相关事项，然后根据该公司的业务需要，为公司申请开票资格，并在公司需要时为该公司开具发票等。

发票是指单位和个人在购销商品、提供或接受服务以及从事其他经营活动时所开具或收取的收付款凭证，是会计核算的原始依据，也是审计机关、税务机关执法检查的重要依据。电子发票不同于纸质发票需要印制，电子发票的申领、开具、传输等环节都可通过互联网进行。纳税人的发票数据实时上传至税务机关，税务机关可及时掌握纳税人的开票情况，对开票数据进行查询、统计、分析，加强了税收征管和发票管理，提高了信息管税水平。

一、业务流程

方圆财务共享中心办税人员需要先为该公司办理初次申领发票的相关事项，办理完成后，在日常经营过程中，及时查询发票的剩余数量和开具情况，根据发票的使用情况去申领发票，并妥善保管发票。图 2-1-1 是办税人员办理发票相关业务的流程。

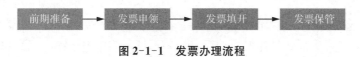

图 2-1-1　发票办理流程

二、业务操作

(一) 前期准备

下面以厦门友佳商贸有限公司为例,对申领发票的前期准备工作进行详细的介绍。

2022年4月方圆财务共享中心办税人员在为厦门友佳商贸有限公司办理工商设立、银行开户、税务报到,并与银行签订第三方代扣协议等事项后,可登录国家税务总局厦门市电子税务局,根据系统提示填写信息,完成新办纳税人相关事项申请;待税务机关审批通过后,购买增值税税控系统专用设备,并到税务局办理初始发行。整个业务操作过程可分为网上办理和现场办理两部分。

1. 网上办理

实务中,企业首次进行发票申领时要先在网上办理相关事项。

(1) 电子税务局账号注册

企业在办理网上事项时,要先注册电子税务局账号。登录国家税务总局厦门市税务局网站,选择【厦门市电子税务局】,如图2-1-2所示,单击【在线注册】按钮,根据系统提示,完成相关信息的登记及电子税务局账号注册。

图 2-1-2 在线注册

(2) 法人及经办人员实名信息采集

步骤一:电子税务局账号注册成功后,重新登录【厦门市电子税务局】,单击【新办纳税人套餐】模块,如图2-1-3所示。

图 2-1-3　新办纳税人套餐

步骤二：在【新办纳税人套餐式服务申请】界面，勾选需要办理的相关事项。这里要注意，【企业类型选择】要根据企业实际情况进行勾选，如"我自愿成为小规模纳税人"，或者"我自愿成为一般纳税人"。实务中，新办企业一般情况下都会勾选"我自愿成为小规模纳税人"，但是符合一般纳税人条件的必须勾选"我自愿成为一般纳税人"，如图 2-1-4 所示。这里的厦门友佳商贸有限公司为增值税一般纳税人。

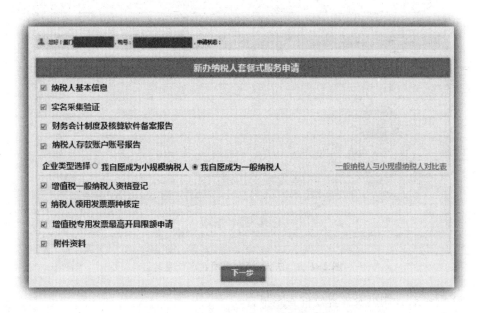

图 2-1-4　新办纳税人套餐式服务申请

步骤三：单击【下一步】按钮，进入【纳税人基本信息】界面，根据提示录入纳税人基本信息，如图 2-1-5 所示。

图 2-1-5　录入纳税人基本信息

步骤四:单击【下一步】按钮,进入【法人、经办人员实名信息验证】界面,如图 2-1-6 所示。根据页面提示,法人及财务负责人应扫描(带税徽)二维码,进入厦门税务掌上办税厅,完成手机号码验证、人脸识别,并将当前经办人绑定为企业办税人员。

图 2-1-6　法人、经办人员实名信息验证

(3)财务会计制度及核算软件备案报告

法人及经办人员通过实名认证后,单击【下一步】,进入【财务会计制度及核算软件备案报告书】填写界面,根据提示完成报告书相关内容的选择及填写,包括企业适用的财务、会计制度,折旧方法等的选择,会计核算软件名称的填写等内容,如图 2-1-7 所示。

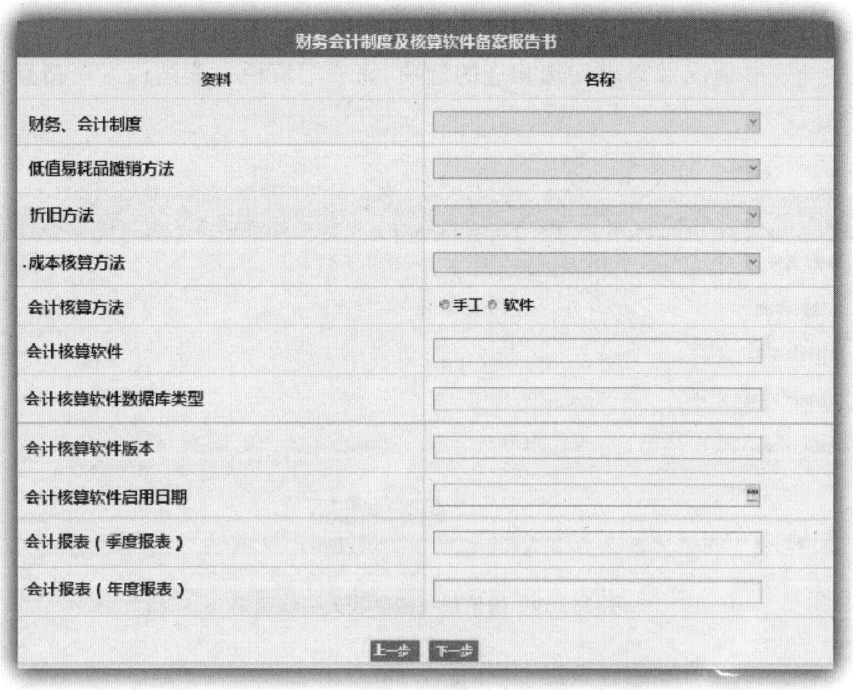

图 2-1-7　财务会计制度及核算软件备案报告书

(4) 纳税人存款账户账号报告

完成【财务会计制度及核算软件备案报告书】填写后,单击【下一步】进入【纳税人存款账户账号报告表】填写界面,单击右上角【增加账户】新增企业银行账户账号,如图 2-1-8 所示。

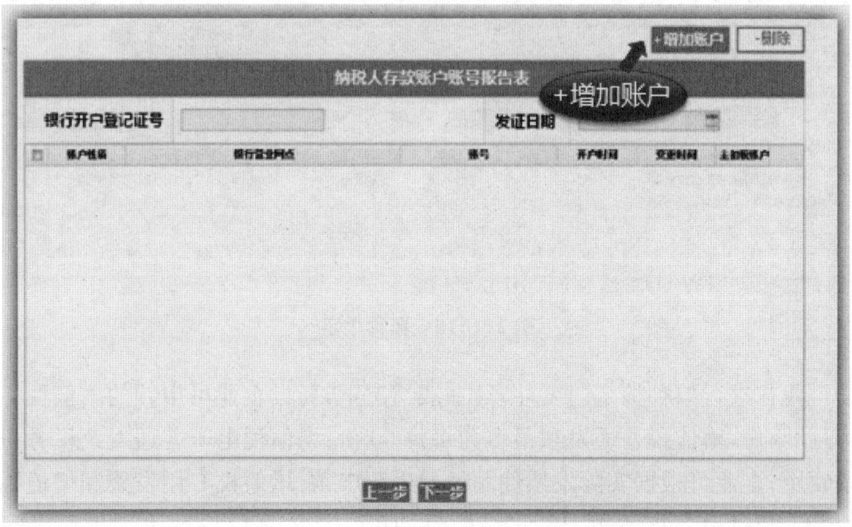

图 2-1-8　纳税人存款账户账号报名表

(5) 增值税一般纳税人资格登记

企业银行账户账号新增成功后,单击【下一步】进入【增值税一般纳税人资格登记】界面,根据企业实际情况及需求勾选相应的选项,完成增值税一般纳税人资格登记,如图 2-1-9 所示。

图 2-1-9 增值税一般纳税人资格登记

(6) 纳税人领用发票票种核定

增值税一般纳税人资格登记完成后,单击【下一步】就可以进行票种核定。根据页面提示,单击右上角的【添加票种】,添加需要领用的发票种类,并填写领用份数等信息,如图 2-1-10 所示。

图 2-1-10 票种核定

新设企业在进行票种核定时要注意:一般情况下,新设企业可申领的增值税专用发票最多为每月 25 份,增值税普通发票最多为每月 50 份;增值税电子普通发票税务机关没有规定限量领用,企业可根据实际发票使用情况进行申领;增值税专用发票和增值税普通发票领用数量不超过税务机关规定的最高数量即可。具体领用份数不同地区之间存在差异,企业可根据当地税务机关规定进行申领。

（7）增值税专用发票最高开票限额申请

纳税人票种核定完成后，可以进行增值税专用发票最高开票限额的申请。实务中，一般新设企业最高开票限额为 10 万元，具体可根据公司实际情况进行申请。勾选完后要填写最高开票限额申请理由，如图 2-1-11 所示：

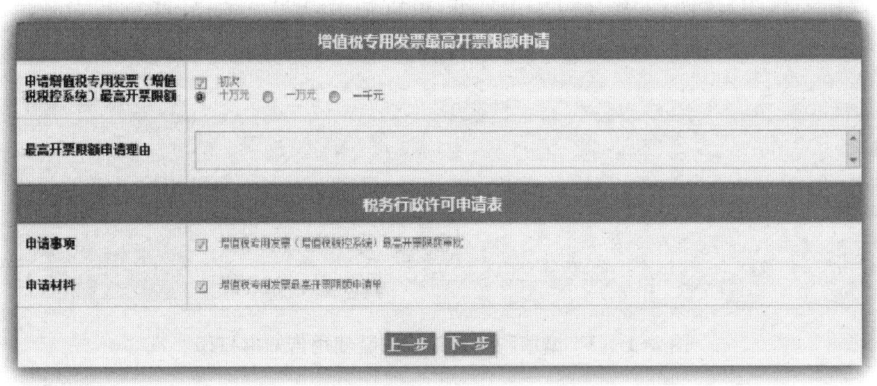

图 2-1-11　增值税专用发票最高开票限额申请

（8）附件资料

上述资料填写完成后，要上传附件资料。附件资料包括《增值税一般纳税人登记表》、加载统一社会信用代码的营业执照或登记证件、税务行政许可申请表等，上传时可根据【附件资料】界面上“是否必报传”提示上传必报的资料，如图 2-1-12 所示。上传完成后单击【提交申请】，新办纳税人网上申请就完成了。

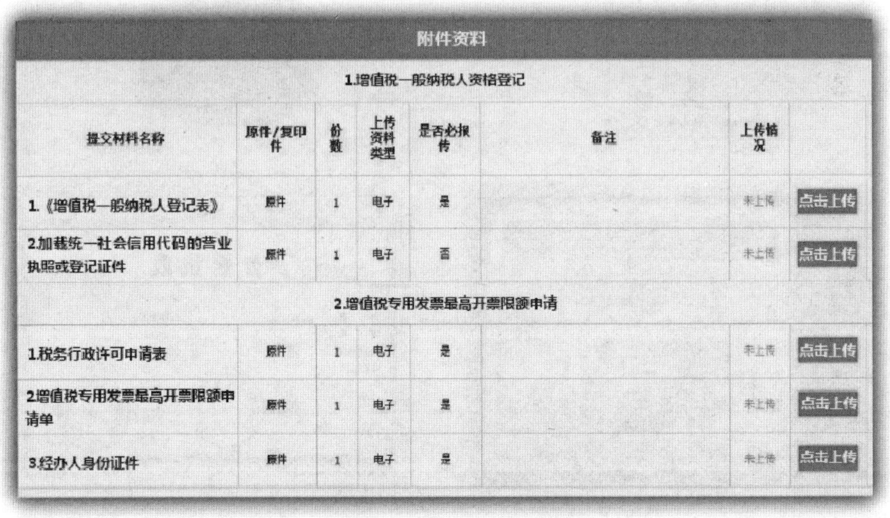

附件资料

提交材料名称	原件/复印件	份数	上传资料类型	是否必报传	备注	上传情况	
1.增值税一般纳税人资格登记							
1.《增值税一般纳税人登记表》	原件	1	电子	是		未上传	点击上传
2.加载统一社会信用代码的营业执照或登记证件	原件	1	电子	否		未上传	点击上传
2.增值税专用发票最高开票限额申请							
1.税务行政许可申请表	原件	1	电子	是		未上传	点击上传
2.增值税专用发票最高开票限额申请单	原件	1	电子	是		未上传	点击上传
3.经办人身份证件	原件	1	电子	是		未上传	点击上传

图 2-1-12　附件资料

以上内容是新设企业采用“新办纳税人套餐”网上办理相关事项的具体操作步骤。实务中，不同地区网上办理的操作步骤有所不同，具体可咨询当地税务局。

2. 现场办理

新设企业通过网上"新办纳税人套餐"提交相关申请业务后，需等待税务局审核。审核通过后，即可到税务机关服务厅办理其他事项，具体操作步骤如下：

步骤一：登录【厦门市电子税务局】，打开【新办纳税人套餐】，单击【增值税税控系统安装使用告知书打印】按钮，如图 2-1-13 所示，将告知书打印下来，凭此告知书到指定的增值税税控系统服务单位购买增值税发票税控系统专用设备。

图 2-1-13　增值税税控系统安装使用告知书打印

步骤二：携带增值税发票税控系统专用设备、公章、加载统一社会信用代码的营业执照复印件（加盖公章）、经办人身份证原件（如图 2-1-14 所示），到办税服务厅办理增值税发票税控系统专用设备初始发行和工商登记信息确认后即可在现场申领发票。

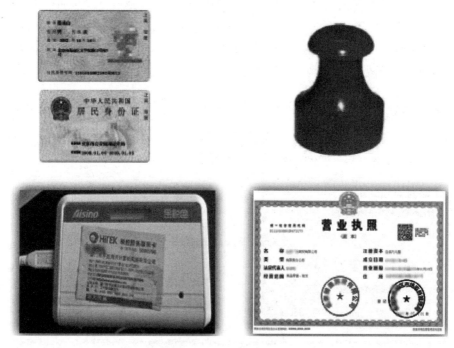

图 2-1-14　提交的材料

实际工作中，企业开具发票除了采用增值税发票税控系统专用设备外，还可以采用税务 UKey 开具发票。如果企业是选择采用税务 UKey 方式开具发票的，待材料审核通过后可直接到税务局领取税务 UKey，然后登录税务局网站，找到【下载中心】，将增值税开票软件(税务 UKey 版)下载下来即可开具发票。

新设企业在首次办理发票申领手续时,还应注意以下两点:第一,目前厦门市税务 UKey 只能开具普通发票,有需要开具增值税专用发票的企业必须采用增值税发票税控系统专用设备,其他地区税务 UKey 开票的类型可咨询当地税务局;第二,不同地区首次进行发票申领的流程有所不同,具体需根据当地税务局规定进行办理。

(二) 发票申领

发票申领可分为首次申领发票和日常申领发票。纳税人首次申领发票一般是在办理增值税发票税控系统专用设备初始发行时,直接到柜台申领。日常经营过程中需要申领发票时,申领的方式有柜台申领、网上申领、微信申领和自助机申领,申领流程如图 2-1-15 所示。

图 2-1-15　发票申领流程

1. 柜台申领

实务中,距离主管税务机关较近的企业往往会选择前往柜台申领发票,这样可以快速领到发票,节省等待发票送达的时间。

柜台申领发票的操作步骤如下:

步骤一:发票验旧。纳税人把发票的开具情况反馈给税务部门,柜台进行发票验旧时,需将税控盘、办税人员身份证原件交给办税服务人员,办税服务人员通过办税系统即可对企业已经开具的发票进行验旧。

步骤二:发票申领。发票验旧通过后,申领发票业务由办税服务人员现场办结。

步骤三:发票领取。纳税人现场领取发票。

步骤四:发票读入。纳税人领回发票后,首先要将税控盘 USB 接口插入电脑,然后进入开票系统,单击【发票读入】,将购买的发票信息读入开票软件,如图 2-1-16 所示。

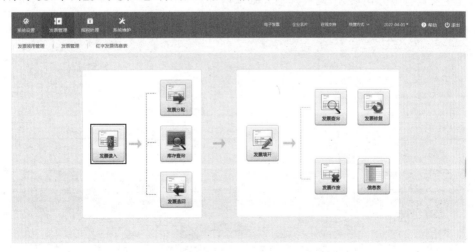

图 2-1-16　发票读入

实务中，不同地区的发票验旧有所不同，一般情况下纳税人只需将税控盘、办税人员身份证原件提交给税务机关即可进行发票验旧，部分地区要将发票全部开完，并携带最后一张已开具发票的记账联和作废发票的所有联次到柜台才能进行发票验旧，具体可根据当地税务局的规定进行办理。

2. 网上申领

随着信息技术的发展，税务局向纳税人推出了网上申领发票业务，企业可以直接通过网络提交发票申领申请，然后等待邮政部门送票上门，省去了出门奔波、排队叫号的时间。

我们以北京宜红家具有限公司为例，来看一下纳税人申领发票的具体操作。

步骤一：单击开票软件，进入开票系统，如图 2-1-17 所示。

图 2-1-17　开票软件登录界面

初次使用开票软件点击【系统设置】，进入系统【初始化】界面，如图 2-1-18 所示，设置北京宜红家具有限公司参数，录入购票人基本信息。

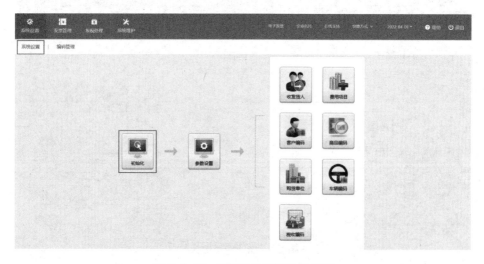

图 2-1-18　开票软件系统设置界面

步骤二:单击【发票管理】—【发票领用管理】—【网上申领管理】—【发票申领】,如图 2-1-19 所示。选择需要申领的发票类型,填写申请数量,选择发票的领取方式,单击【申领】,如图 2-1-20 所示。税务机关核定该公司可以开具四类发票,包括增值税普通发票、增值税电子普通发票、增值税专用发票、机动车销售统一发票,各类发票每次最多申领 50 份。

图 2-1-19　网上申领发票界面

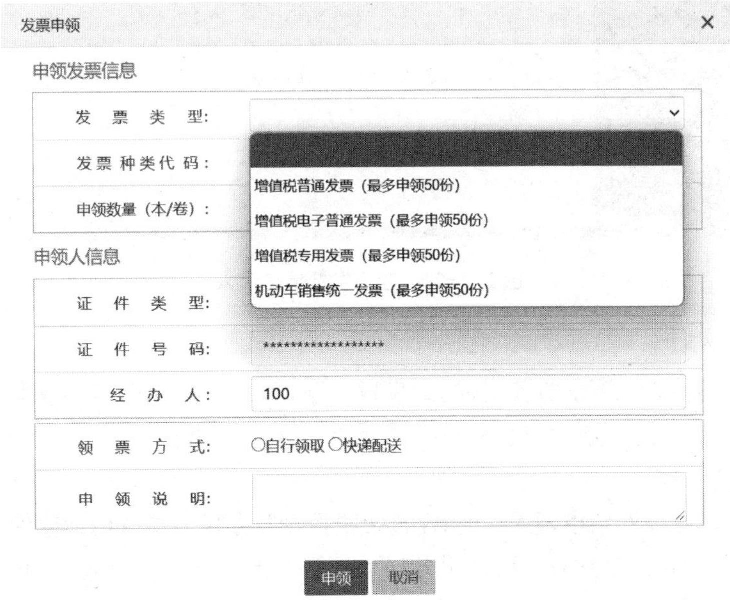

图 2-1-20　申领发票信息填写

步骤三：申领成功后，进行申领确认。单击【申领确认】，进入【申领确认】界面，全选画"√"，单击【确认】，确认信息录入无误，如图 2-1-21 所示。

图 2-1-21　发票申领确认

步骤四：发票领取。等待税务机关审核通过后，根据选择的领票方式领取发票。

步骤五：发票读入。收到发票后，单击【网上领票管理】—【领用发票】，进入【网上领票】界面，全选画"√"，单击【按日期导出】，如图 2-1-22 所示，将购买的发票信息读入开票软件。

图 2-1-22　领用发票信息读入

3. 微信申领

为了企业纳税人能更加方便、快捷地领取发票，税务局还推出了发票申领手机端，纳税人可通过微信关注当地税务机关公众号进行发票网上申领。

4. 自助机申领

通过自助机办理发票申领操作时，需携带税控盘及办税人员身份证原件，根据自助机提示申领发票。如果不会操作，可请税务局大厅服务人员指导。申领成功后可立即在自助机领取发票。最后在开票系统完成发票读入操作，即可开具发票。

实际工作中，不同地区纳税人申领发票的方式及操作步骤有所不同，具体情况需要咨询当地税务局。

(三) 发票填开

发票填开功能是开票软件的核心功能,支持填开和打印各种发票,主要是开具增值税专用发票、增值税普通发票、增值税电子普通发票、机动车销售统一发票。

实务中,企业除了自开发票外,也会涉及让税务局代开发票,因此,发票填开操作应重点掌握:增值税专用发票填开(带清单);增值税电子普通发票填开(含折扣);代开增值税发票;增值税发票作废;负数增值税普通发票填开;红字增值税专用发票填开;手机填开发票。

1. 增值税专用发票填开(带清单)

根据《国家税务总局关于增值税发票管理等有关事项的公告》(国家税务总局公告2019年第33号)规定,从2020年2月1日起,所有小规模纳税人(其他个人除外)同一般纳税人一样都可以自行开具增值税专用发票。

填开增值税专用发票操作步骤如图2-1-23所示。

图 2-1-23　增值税专用发票填开流程

我们以北京宜红家具有限公司开具增值税专用发票为例,介绍具体操作。北京宜红家具有限公司基本信息如图 2-1-24 所示。

纳税登记号：911101016627480079
企业名称：　北京宜红家具有限公司
营业地址：　北京市东城区东城街道市光路6829号
电话号码：　010-775496
银行账号：　6111010102601137

图 2-1-24　公司基本信息

2022 年 4 月 1 日,北京宜红家具有限公司销售商品给深圳市大旺办公设备有限公司,销售单如图 2-1-25 所示,根据销售单开具带清单的增值税专用发票。

编码	产品名称	规格	单位	单价	数量	金额	备注
001	*家具*Y1办公椅子		把	80.00	400	32000.00	(不含税)
002	*家具*Y2办公椅子		把	75.00	200	15000.00	(不含税)
003	*家具*Y3办公椅子		把	70.00	600	42000.00	(不含税)
004	*家具*Y4办公椅子		把	70.00	300	21000.00	(不含税)
005	*家具*Z2办公桌子		张	200.00	500	100000.00	(不含税)
合计	人民币(大写)：　贰拾壹万元整				—	¥210000.00	

购货单位：深圳市大旺办公设备有限公司　地址和电话：深圳市罗湖区莲塘国威路仙湖帆景D栋12620755-57169015　单据编号：467197623
纳税识别号：91440300MA50B21X01　开户行及账号：交通银行深圳市罗湖区支行6144030323040674　制单日期：2022-04-01
销售经理：陈宝点　经手人：张高舍　会计：唐博鱼　签收人：陈税壹

图 2-1-25 销售单

步骤一:单击【发票填开】,单击【增值税专用发票填开】,如图 2-1-26 所示。

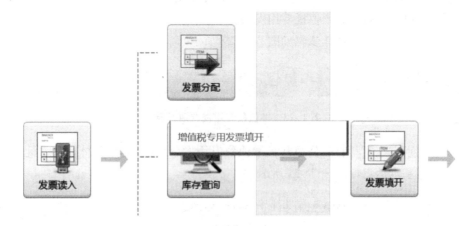

图 2-1-26 增值税专用发票填开

或者通过【发票管理】—【发票填开】—【增值税专用发票填开】,单击【增值税专用发票填开】,如图 2-1-27 所示。

图 2-1-27 增值税专用发票填开

步骤二：系统弹出【单据填开】窗口，确认纸质发票种类、代码、号码是否与平台一致，核对无误后，单击【确认】按钮，如图 2-1-28 所示。

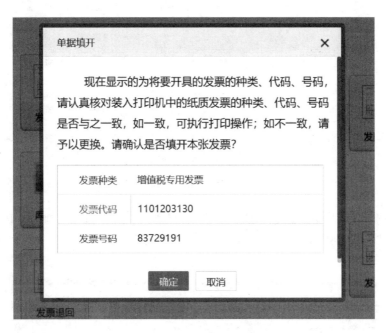

图 2-1-28　发票确认界面

系统弹出增值税专用发票填开窗口，如图 2-1-29 所示，该窗口中的发票格式与实际票面格式基本相同。

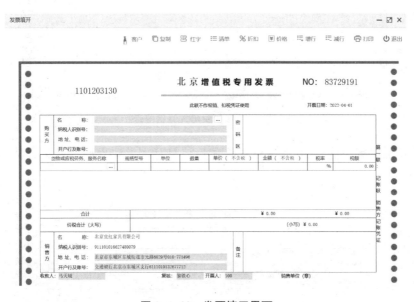

图 2-1-29　发票填开界面

步骤三：填写购买方信息。单击【名称】编辑框右侧的按钮，如图 2-1-30 所示。

图 2-1-30　购买方信息选择

系统会弹出【选择客户】窗口，如果之前已在【系统设置】的【客户编码】中录入相关信息，可以通过【搜索】功能选取相应客户，如图 2-1-31 所示。

图 2-1-31　购买方信息搜索

双击所需的客户信息后，系统自动将客户信息写入发票界面的购买方信息栏，如图 2-1-32 所示。

图 2-1-32　购买方信息栏

如果是第一次操作或还没有在【系统设置】—【客户编码】中录入相关信息,则可以单击【增加】按钮,增加客户信息,如图 2-1-33 所示;或者在【基础设置】中,单击【客户编码】,增加客户信息。填写完成后,客户信息会自动添加并保存在客户编码库中。

图 2-1-33　购买方信息添加

步骤四:填写商品信息。如果商品信息较少,可以逐个选择商品,单击【货物或应税劳务、服务名称】编辑框右侧的按钮,如图 2-1-34 所示。系统弹出【商品选择】页面,通过【搜索】选择相应商品。

图 2-1-34　商品信息选择

如果是第一次操作或还没有在【系统设置】—【商品编码】中录入相关信息,可以选择【商品】,再单击【增加】按钮,增加商品信息,如图 2-1-35 所示。或者在【基础设置】—【商品编码】中,增加商品信息。

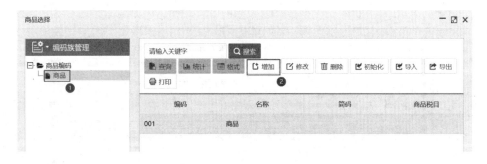

图 2-1-35　商品信息添加

进入【商品编码编辑】界面,对照销售单新增商品信息,如"Y1办公椅子",录入后单击【保存】,如图2-1-36所示。

图 2-1-36　商品编码编辑界面

这里需要注意税收分类编码的选择,点击【税收分类编码】—【…】,逐级选择商品的分类,单击对应的商品编码,单击【确认】,如图2-1-37所示。

图 2-1-37　税收分类编码界面

双击所需的商品信息后,系统会自动写入发票界面的商品信息栏。然后手动输入数量,系统会自动计算金额和税额,如图2-1-38所示。

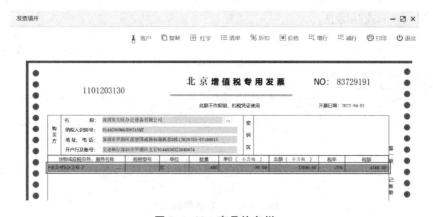

图 2-1-38　商品信息栏

接着继续录入下一个商品信息，单击【增行】按钮，如图 2-1-39 所示。新增下一个商品信息的操作跟填写 Y1 办公椅子信息的操作类似，不再赘述。

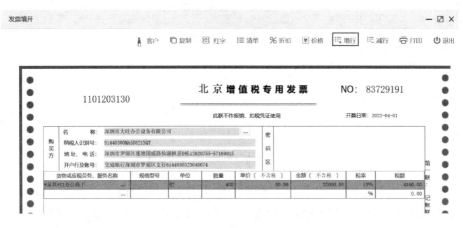

图 2-1-39　新增商品信息栏

由于本次开票商品的项目较多，在一张发票上填写不下，超过了发票所允许的最大开具行数，因此要通过清单来开票。直接单击工具条上的【清单】按钮，如图 2-1-40 所示，系统弹出【清单填开】窗口。

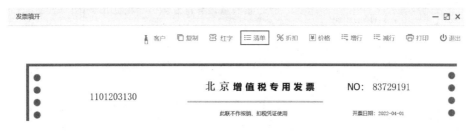

图 2-1-40　清单添加

单击【增行】按钮，增加对应商品的信息，如图 2-1-41 所示。

货物或应税劳务、服务名称	规格型号	单位	数量	单价（不含税）	金额（不含税）	税率	税额
*家具*Y1办公椅子 ...		把	400	80.00	32000.00	13%	4160.00
*家具*Y2办公椅子 ...		把	200	75.00	15000.00	13%	1950.00
*家具*Y3办公椅子 ...		把	600	70.00	42000.00	13%	5460.00
*家具*Y4办公椅子 ...		把	300	70.00	21000.00	13%	2730.00
*家具*Z2办公桌子 ...		把	500	200.00	100000.00	13%	13000.00
*家具*Z3办公桌子 ...		把	500	220.00	110000.00	13%	14300.00
*家具*Z4办公桌子 ...		把	500	260.00	130000.00	13%	16900.00

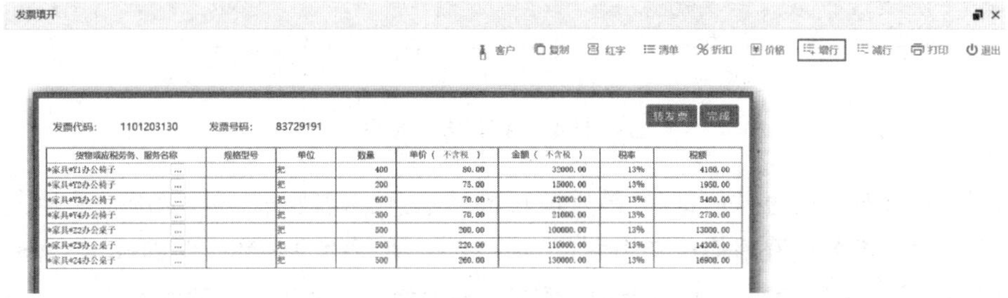

图 2-1-41　清单增行

清单上的商品信息增加完成后，单击工具条上的【完成】按钮，返回到【发票填开】界面，此时，商品信息表中第一行出现“（详见销货清单）”字样，并且显示清单中所有商品的不含税合计金额和税额，如图 2-1-42 所示，所有栏目不允许修改或再开具其他商品，每一张发票只允许填写一张销货清单。

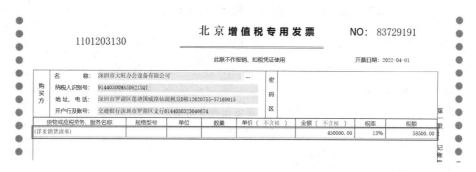

图 2-1-42　商品信息栏(详见销货清单)

步骤五：销货清单填写完成后，接着填写销售方信息，销售方信息中企业名称、纳税人识别号和地址、电话均由系统自动从税控盘和系统参数设置中的企业税务信息中提取，开票时不能修改，如图 2-1-43 所示。

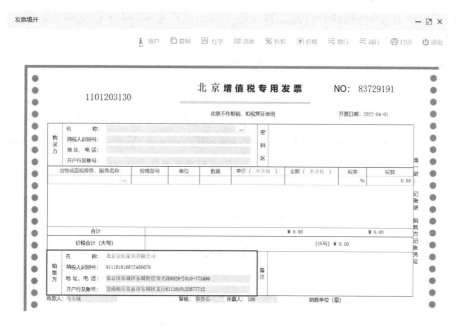

图 2-1-43　销售方信息栏

步骤六：核对好销售方信息后，最后填写备注信息。营改增以后，无论是纳税人自行开具，还是税务机关代开增值税专用发票，备注栏需填写的内容都有明确规定，若没有按要求填写就是不合规发票，不能作为抵扣凭证，备注栏信息的填写主要涉及以下行业或业务：货物运输行业、建筑服务行业、销售不动产、转让土地使用权、出租不动产/土地使用权、单用途商业预付卡、多用途卡、保险机构代收车船税、差额开票业务、跨区域提供不动产经营租赁/建筑服务代开增值税发票、个人保险代理人汇总代开增值税发票等。

有关行业或业务备注栏具体填写方式请见表 2-1-1。

表 2-1-1 备注栏填写信息表

序号	行业/业务类型	备注栏信息	依据
1	货物运输	起运地、到达地、车种车号、运输货物信息等,如内容较多可另附清单	《国家税务总局关于停止使用货物运输业增值税专用发票有关问题的公告》(国家税务总局公告2015年第99号)第一条
2	铁路运输企业提供货物运输服务	受托代征的印花税款信息	《国家税务总局关于停止使用货物运输业增值税专用发票有关问题的公告》(国家税务总局公告2015年第99号)第三条
3	建筑服务	建筑服务发生地县(市、区)名称及项目名称	《国家税务总局关于全面推开营业税改征增值税试点有关税收征收管理事项的公告》(国家税务总局公告2016年第23号)第四条第(三)项
4	销售不动产	不动产详细地址	《国家税务总局关于全面推开营业税改征增值税试点有关税收征收管理事项的公告》(国家税务总局公告2016年第23号)第四条第(四)项
5	出租不动产	不动产详细地址	《国家税务总局关于全面推开营业税改征增值税试点有关税收征收管理事项的公告》(国家税务总局公告2016年第23号)第四条第(五)项
6	跨县(市、区)提供不动产经营租赁、建筑服务代开增值税发票	自动打印"YD"字样	《国家税务总局关于全面推开营业税改征增值税试点有关税收征收管理事项的公告》(国家税务总局公告2016年第23号)第四条第(八)项
7	税务机关为出售或出租不动产代开发票	销售或出租不动产纳税人的名称、纳税人识别号(或者组织机构代码)、不动产的详细地址;按照核定计税价格征税的还要注明"核定计税价格,实际成交含税金额×××元"	《国家税务总局货物和劳务税司关于做好增值税发票使用宣传辅导有关工作的通知》(税总货便函2017年第127号)第二章第七节第二条第(五)项和第(八)条
8	单用途商业预付卡	收到预付卡结算款	《国家税务总局关于营改增试点若干征管问题的公告》(国家税务总局公告2016年第53号)第三条第(四)项
9	多用途卡	收到预付卡结算款	《国家税务总局关于营改增试点若干征管问题的公告》(国家税务总局公告2016年第53号)第四条第(四)项
10	生产企业委托综服企业代办出口退税	代办退税专用	《国家税务总局关于调整完善外贸综合服务企业办理出口货物退(免)税有关事项的公告》(国家税务总局公告2017年第35号)第六条
11	保险机构代收车船税	保险单号、税款所属期(详细至月)、代收车船税金额、滞纳金金额、金额合计等	《国家税务总局关于保险机构代收车船税开具增值税发票问题的公告》(国家税务总局公告2016年第51号)
12	差额开票	自动打印"差额征税"字样	《国家税务总局关于全面推开营业税改征增值税试点有关税收征收管理事项的公告》(国家税务总局公告2016年第23号)第四条第(二)项

续表

序号	行业/业务类型	备注栏信息	依据
13	个人保险代理人汇总代开增值税专用发票	注明"个人保险代理人汇总代开"字样	《国家税务总局关于个人保险代理人税收征管有关问题的公告》(国家税务总局公告2016年第45号)第五条
14	互联网物流平台企业代开货物运输发票	会员的纳税人名称、纳税人识别号、起运地、到达地、车种车号以及运输货物信息	《国家税各总局关于开展网络平台道路货物运输企业代开增值税专用发票试点工作的通知》第三条第(四)点
15	税务机关代开增值税专用发票	增值税纳税人的名称和纳税人识别号	《国家税务总局关于印发〈税务机关代开增值税专用发票管理办法(试行)〉的通知》(国税发〔2004〕153号)规定第十条第5点

步骤七:该案例暂未涉及备注栏的填写,其他信息核对无误后打印发票,单击工具条上的【打印】按钮,系统弹出提示框,如图2-1-44所示。

图 2-1-44 打印发票

单击提示框中的【打印】按钮,系统首先将所开发票信息记入税控盘与开票软件数据库,随后便弹出【执行安装】对话框,单击【执行安装】,如图2-1-45所示。根据安装步骤安装成功且已启动,单击【确定】。

图 2-1-45 需安装打印软件

打印机安装后即可开始打印,打印发票前,应注意调试打印机,调好税票打印区域、打印联数,进行发票试打印。发票试打印方法有两种:第一种是将A4纸剪成与发票大小一样的形状,试打以前开具的发票,打印出来后与待开发票进行对比,检查A4纸打印出来的文字是否在发票边框内,如果字体超出范围则要对开票软件或打印机进行设置;第二种方法是将空白发票复印一份,裁剪成发票一样大小进行试打印,打印出来后检查文字是否在复印的发票边框内即可。

2. 增值税电子普通发票填开(含折扣)

增值税电子普通发票是在购销商品、提供或者接受服务以及从事其他经营活动中,开具、收取的数据电文形式的收付款凭证,其法律效力、基本用途和基本使用规定等与税务机关监制的增值税普通发票相同。

电子发票的传送与保存可通过微信、邮件、短信等方式,不用担心发票丢失、毁损,因此,很多行业和企业都在使用电子发票。企业在经营过程中,会涉及折扣销售,开具折扣发票的情况。

开具含折扣的增值税电子普通发票的步骤如下:

步骤一至步骤四:这四个步骤与增值税专用发票填开(带清单)的对应步骤类似,可参考增值税专用发票填开(带清单)的前四个步骤。

步骤五:完成上述购买方、商品信息设置后,接着进行商品折扣设置。选中需要加折扣的某个商品行或多行商品行的最后一行,然后单击工具条上的【折扣】按钮,如图2-1-46所示。

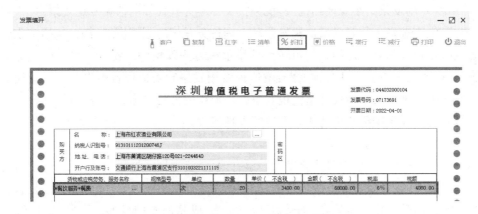

图 2-1-46　增值税电子普通发票添加折扣

弹出【添加折扣行】对话框,根据实际要求填写折扣行数和折扣率。

折扣行数、商品金额:每一个商品行都可以单独加折扣,也可以对多行商品统一加折扣,填写从当前选中行向上几行(含本行)商品需要统一加的折扣。

折扣率、折扣金额:根据实际要求填写折扣率,折扣金额系统会自动计算,核对无误后,单击【确认】按钮,如图2-1-47所示。

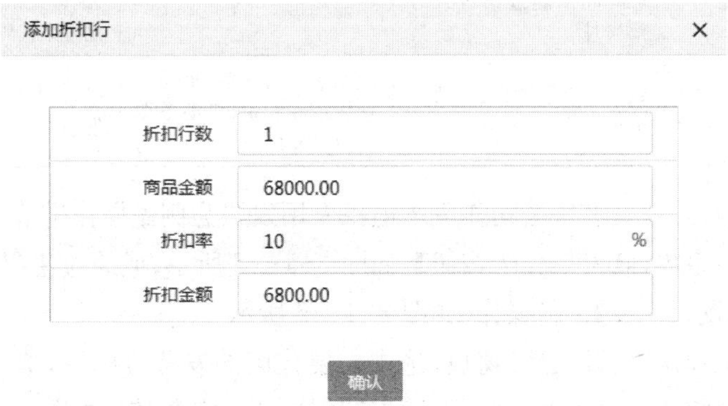

图 2-1-47　添加折扣行界面

发票中对应商品栏次会增加一栏折扣额。当某一行商品加折扣之后,便不允许修改。若需要修改,应先将折扣行删除再修改。

步骤六:新增完折扣行后,接着核对发票的销售方、备注栏,无误后,如果需要打印,可以单击【打印】按钮打印出电子发票,操作步骤与增值税专用发票填开(带清单)的对应步骤类似,可参考增值税专用发票填开(带清单)的对应步骤。

步骤七:增值税电子普通发票一般不需要打印成纸质发票交给对方,只需要通过电子发票软件操作即可交付发票。

3. 代开增值税发票

根据《国家税务总局关于增值税发票管理等有关事项的公告》(国家税务总局公告2019年第33号)第五条规定:增值税小规模纳税人(其他个人除外)发生增值税应税行为,需要开具增值税专用发票的,可以自愿使用增值税发票管理系统自行开具。选择自行开具增值税专用发票的小规模纳税人,税务机关不再为其代开增值税专用发票。

因此,没有选择自行开具增值税发票已办理税务登记的小规模纳税人(包括个人经营者)以及国家税务总局确定的其他可予代开增值税专用发票的纳税人。可以到税务局代开发票。税务局一般会代开两种发票:增值税专用发票和增值税普通发票。国家税务总局出台了《关于纳税人申请代开增值税发票办理流程的公告》(国家税务总局公告2016年第59号)文件,介绍纳税人申请代开发票的办理流程。

4. 增值税发票作废

企业开具增值税发票后可能会发生开票有误、销货退回或销售折让等情形,要将发票作废或红冲。作废发票只能作废当月的,上月的发票如果有问题,只能红冲。但是有三类发票只能红冲:数字化电子发票、增值税电子发票、成品油专用发票、机动车销售统一发票、机动车类增值税专用发票、已经认证了的增值税专用发票。即便是当月需要作废,也不能进行作废操作,只能进行红冲操作。常见的发票作废情况和不能作废只能红冲的发票,如表2-1-2所示。

表2-1-2 常见增值税发票作废情况表

项目	情况一	情况二	情况三
常见的发票作废情况	收到退回的发票联、抵扣联时间未超过销售方开票当月	销售方未抄税并且未记账	购买方未认证或者认证结果为"纳税人识别号认证不符""专用发票代码、号码认证不符"
不能作废只能红冲的发票	数字化电子发票、增值税电子发票	成品油专用发票、机动车销售统一发票,机动车类增值税专用发票	已经认证了的增值税专用发票

我们以北京宜红家具有限公司作废增值税专用发票为例做操作讲解。

步骤一:单击主界面【发票作废按钮】,如图2-1-48所示;或通过主界面工具栏的【发票管理】—【已开发票作废】进行操作,如图2-1-49所示。

步骤二:系统弹出"已开发票"窗口,选中需要作废的发票号码后,单击右上角【作废】按钮。系统提示"将要作废发票,您要继续吗?",单击【确定】按钮,如图2-1-50所示,系统提示作废发票成功。

图 2-1-48 发票作废

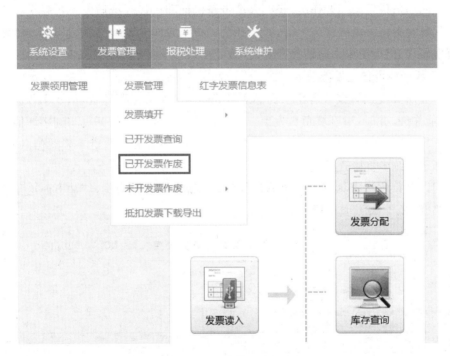

图 2-1-49 已开发票作废

图 2-1-50 确认作废发票

完成发票作废,发票界面的"作废标志"一栏会显示"是"以及标注当前作废日期,代表该张发票已作废,如图 2-1-51 所示。作废发票后,可以重新按照正确信息开具蓝字发票。

图 2-1-51　发票作废标志

以上介绍的是企业自行开具发票,发票需要作废时的处理操作流程。如果在税务局申请代开的增值税发票需要作废,经办人携带身份证和已代开纸质发票各联次在代开当月向原代开税务机关提出作废申请,经税务机关核定后作废,或者到电子税务局【发票使用】—【发票代开】模块中去申请代开发票作废。

5. 负数增值税普通发票填开

当企业所开发票有误或者由于商品质量等问题购买方需要退货,但蓝字普通发票已抄税,不能作废,此时,可开具负数发票。负数增值税普通发票的开具与红字增值税专用发票的开具有所不同,在开具负数增值税普通发票时,不需要填写红字发票信息表编号,可以在开票系统中直接开具。

我们以北京宜红家具有限公司填开负数增值税普通发票为例,红冲下面这张增值税普通发票(图 2-1-52),具体操作如下:

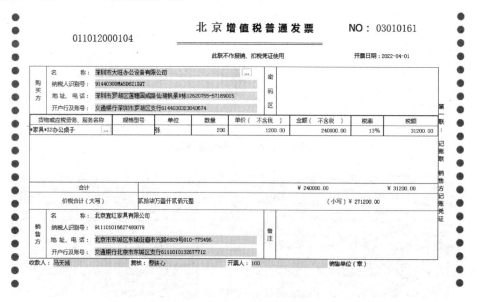

图 2-1-52　增值税普通发票(票样)

步骤一：单击主界面【发票填开】，单击【增值税普通发票填开】，如图 2-1-53 所示。在弹出【发票号码确认】提示框中单击【确认】按钮后，打开【发票填开】界面。

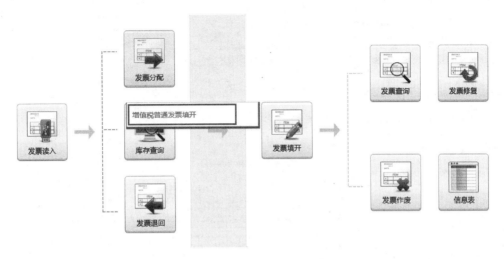

图 2-1-53　增值税普通发票填开

步骤二：单击增值税普通发票填开界面工具条上的【红字】按钮，弹出【销项正数发票代码/号码确认】窗口。

发票代码：直接输入所对应正数发票的发票代码 011012000104；发票号码：直接输入所对应正数发票的发票号码 03010161，如图 2-1-54 所示。

为保证用户输入数据的准确性，系统采用加密方式显示发票代码和发票号码，并且需要输入两次进行准确性校验，两次输入必须完全相同。

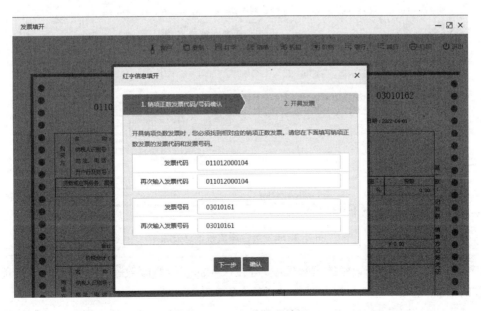

图 2-1-54　红字信息填开

确认无误后,单击【下一步】按钮,系统将根据所填写发票的情况显示正数发票的确认窗口,如图 2-1-55 所示,单击【查看发票明细】可以查看正数发票的具体信息。

图 2-1-55　正数发票代码/号码确认

步骤三:核对需要作废发票的信息,无误后单击【确认】,系统会将该张发票的数据自动填充到负数发票中,同时将其数量和金额自动填充为负数,如图 2-1-56 所示。

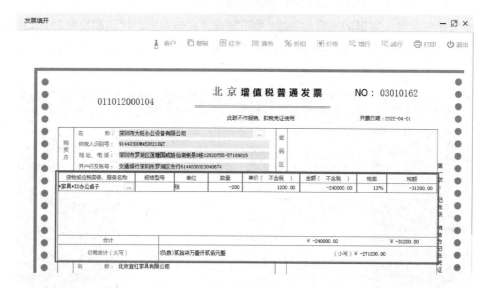

图 2-1-56　负数增值税普通发票

如果只是开具部分金额的负数发票,可在该界面直接修改数量、单价,但要注意负数发票的金额、税额不能超过对应正数发票的金额和税额。

步骤四:核对负数增值税普通发票信息无误后,单击【打印】按钮,打印出负数增值税普通发票。该步骤与增值税专用发票填开(带清单)的对应步骤类似。

这样,负数增值税普通发票开具完成。需要查询已开具的负数增值税普通发票时,单击【发票管理】—【已开发票查询】,确认查询的年月,即可查询开具的负数增值税普通发票。

6. 红字增值税专用发票填开

当企业开具增值税专用发票后,发生销货退回、开票有误、应税服务中止等情形但不符合发票作废条件,或者因销货部分退回及发生销售折让时,需要填开红字增值税专用发票,红字增值税专用发票填开的流程如图 2-1-57 所示。

图 2-1-57　红字发票填开流程

我们以北京宜红家具有限公司申请红冲增值税专用发票(图 2-1-58)为例进行讲解。

图 2-1-58　增值税专用发票

(1) 填开红字增值税专用发票信息表

红字增值税专用发票信息表由采购方填开还是由销售方填开,需结合发票是否退回、是否已用于申报抵扣来区分,填写说明如表 2-1-3 所示。

表 2-1-3　红字增值税专用发票信息表填开说明

申请人	发票实际情况	信息表填开注意事项
购买方	购买方取得专用发票已用于申报抵扣的	在填开信息表时不填写相对应的蓝字专用发票信息,应暂依信息表所列增值税税额从当期进项税额中转出,待取得销售方开具的红字专用发票后,与信息表一并作为记账凭证
	购买方取得专用发票未用于申报抵扣但发票联或抵扣联无法退回的	填开信息表时应填写相对应的蓝字专用发票信息

续表

申请人	发票实际情况	信息表填开注意事项
销售方	销售方开具专用发票尚未交付购买方,以及购买方未用于申报抵扣并将发票联及抵扣联退回的	填开信息表时应填写相对应的蓝字专用发票信息

填开红字增值税专用发票信息表的具体操作步骤:

步骤一:在发票填开界面中,单击【发票管理】—【红字发票信息表】—【红字增值税专用发票信息表填开】,如图2-1-59所示;或者直接单击【信息表】—【红字增值税专用发票信息表填开】,如图2-1-60所示。

图2-1-59　信息表填开登录1

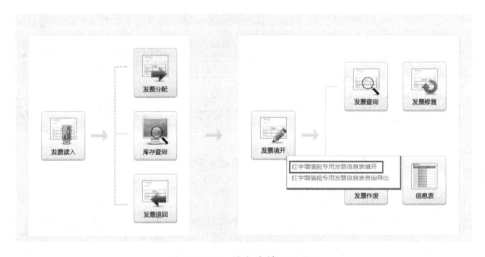

图2-1-60　信息表填开登录2

步骤二:系统会弹出对应【红字信息填开】窗口,可以选择两种申请方式:购买方申请和销售方申请。如果是购买方申请已抵扣的情况,不需要填写相对应的蓝字增值税专用发票信息;如果是购买方申请未抵扣和销售方申请的情况,则要填写相应的蓝字增值税专用发票信息。

本案例是北京宜红家具有限公司作为销售方申请红冲增值税专用发票,发票代码为1101203130,发票号码为34845216,如图2-1-61所示。

项目二 服务共享

图 2-1-61 红字信息填开界面

步骤三：确认无误后，单击【下一步】，系统会弹出对应正数发票信息，如图 2-1-62 所示，单击【查看发票明细】，可以看到正数发票的具体信息。

图 2-1-62 正数增值税专用发票信息

步骤四：核对无误后，单击【确定】，进入开具红字增值税专用发票信息表的填写界面，系统会自动填写开具红字增值税专用发票信息表的信息，如果红冲的是部分金额，则可以直接修改单价、金额，如图 2-1-63 所示。

107

图 2-1-63　正数增值税专用发票信息表

步骤五：如果不需要修改单价、金额，则为系统默认的信息，单击【打印】按钮即可。一张信息表只能对应开具一张红字发票，不能重复使用。

完成上述操作，红字增值税专用发票信息表就填开完成了，接下来就是上传红字增值税专用发票信息表给税务机关校验。

（2）上传红字增值税专用发票信息表进行校验

红字增值税专用发票信息表填开完成后，需要将该表导出、上传给主管税务机关进行校验，主管税务机关通过网络接收到上传的红字增值税专用发票信息表，系统自动校验通过后，生成带有"红字发票信息表编号"的红字增值税专用发票信息表，并将信息同步至纳税人端系统中。纳税人也可凭红字增值税专用发票信息表相关电子信息或纸质资料到税务机关柜台，对红字增值税专用发票信息表的内容进行系统校验。上传红字增值税专用发票信息表的步骤如下：

步骤一：查询导出已填开的红字增值税专用发票信息表，在发票填开界面中，单击【发票管理】—【红字发票信息表】—【红字增值税专用发票信息表查询导出】，如图 2-1-64 所示；或者单击主界面的【信息表】—【红字增值税专用发票信息表查询导出】，如图 2-1-65 所示。

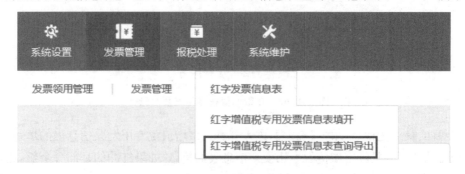

图 2-1-64　红字增值税专用发票信息表查询导出 1

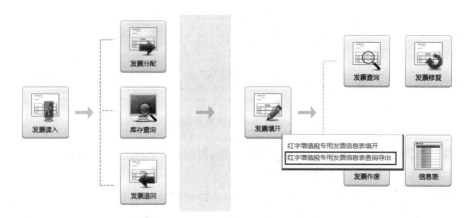

图 2-1-65　红字增值税专用发票信息表查询导出 2

步骤二：进入【红字增值税专用发票信息表查询导出】界面，找到刚刚填开的红字增值税专用发票信息表。如果是通过网络校验的，可以直接单击【上传】；如果需要到税务机关柜台校验，可以单击【导出】按钮，导出红字增值税专用发票信息表，也可以单击【打印】，打印出红字增值税专用发票信息表，如图 2-1-66 所示。

图 2-1-66　红字增值税专用发票信息表上传、导出、打印

步骤三：企业通常通过网络校验，快捷便利。单击【上传】按钮后，系统弹出"本次待上传红字发票信息表张数：1 张。您要继续吗？"单击【确定】，如图 2-1-67 所示。

图 2-1-67　红字增值税专用发票信息表上传确认

红字增值税专用发票信息表上传成功，经过税务局审核通过后，系统自动显示该信息表编号并且在"信息表描述"栏中显示"审核通过"，如图 2-1-68 所示。该信息表编号可以记录下来，在开具红字增值税专用发票时备用。

图 2-1-68　红字增值税专用发票信息表上传成功

这样,红字增值税专用发票信息表校验成功,可以用于开具红字增值税专用发票。

(3) 填开红字增值税专用发票

销售方凭税务机关系统校验通过的红字增值税专用发票信息表开具红字增值税专用发票,在系统中以销项负数开具,红字增值税专用发票信息应与红字增值税专用发票信息表一一对应,具体操作步骤如下:

步骤一:单击【发票填开】—【增值税专用发票填开】,如图 2-1-69 所示;或单击【发票管理】—【发票填开】—【增值税专用发票填开】,选择"增值税专用发票填开"类型,如图 2-1-70 所示。

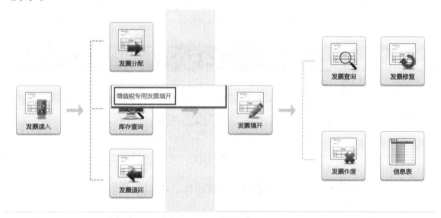

图 2-1-69　增值税专用发票填开登录 1

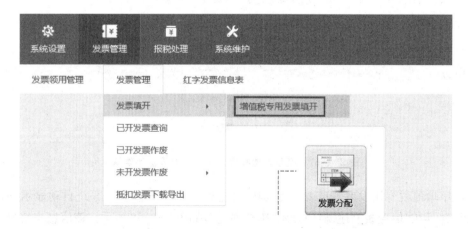

图 2-1-70　增值税专用发票填开登录 2

步骤二:系统弹出【单据填开】窗口,核对无误后,单击【确定】按钮,如图2-1-71所示。

图 2-1-71　发票确认界面

步骤三:系统弹出增值税专用发票填开窗口,单击【红字】—【直接开具】或者【导入网络下载红字发票信息表】,如图2-1-72所示。

图 2-1-72　红字增值税专用发票开具

单击【直接开具】,输入刚刚记录下来的红字增值税专用发票信息表编号,如图2-1-73所示。

图 2-1-73　直接开具(红字信息填开)

系统会匹配对应的红字增值税专用发票信息,选中该信息,单击该条信息,如图2-1-74所示。

图 2-1-74　直接开具下载红字发票信息表(信息表选择)

红字发票信息表的信息会自动带到【发票填开】界面,如图2-1-75所示。

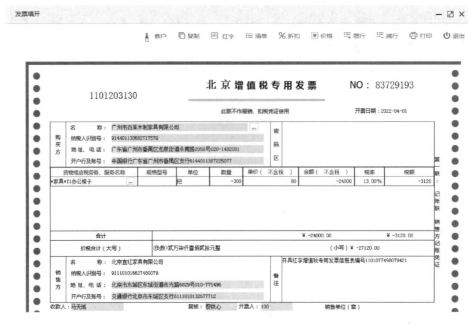

图 2-1-75　红字增值税专用发票

或者单击【导入网络下载红字发票信息表】,系统自动匹配红字增值税专用发票信息表,选中该信息表,单击【选择】,系统同样也会将红字发票信息表的信息自动带到【发票填开】界面。

步骤四:核对无误后,单击【打印】,就完成了红字增值税专用发票的开具。

查询已开具的红字增值税专用发票,操作步骤与查询已开具的负数增值税普通发票类似,可参考查询已开具的负数增值税普通发票的对应步骤。

红字增值税专用发票开具后是否要交给购买方,则根据红字增值税专用发票信息表的填开者来区分。如果红字增值税专用发票信息表由销售方填写,红字增值税专用发票开具后不用交付给购买方;如果由购买方申请填写,则销售方开具的红字增值税专用发票需要交付给购买方。

自开红字增值税专用发票按照上述步骤操作就可以了,而申请代开红字增值税专用发票,则由经办人携带身份证和已代开纸质发票各联次在代开当月向原代开税务机关提出申请,经税务机关核定后开具红字发票,具体操作可咨询当地税务机关。

(四)发票保管

实际工作中,企业已开具和未开具的发票都应妥善管理,对于发票管理,企业办税人员应掌握发票查询和发票保管技能。

1. 发票查询

发票开具后,可以查询库存发票、已开发票、发票汇总表、发票清单等信息,方便后续做好开票、报税工作。

(1)查询库存发票

了解库存发票可以让开票人员清楚地知道什么时候申领发票,从而更好地完成开票工作。实务中,在开票时,开票系统会跳出库存结余发票份数,也可以单独查询库存发票,操作如下:

单击【库存查询】,如图 2-1-76 所示。

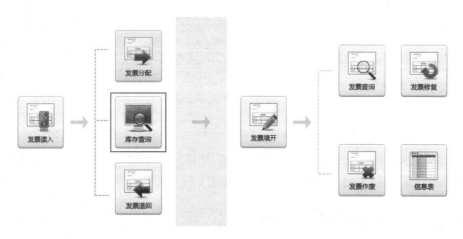

图 2-1-76 库存发票查询

进入到库存发票查询界面,可以看到不同发票的起始号码、发票张数、卷终止号、领购日期等,如图 2-1-77 所示。

发票种类	开票限额	类别代码	名称	起始号码	发票张数	卷终止号	领购日期
增值税普通发票	999999.99	011012000104	北京市增值税普通发票	03010163	18	03010180	2022-04-01
增值税电子普通发票	999999.99	011012000104	北京市增值税电子普通发票	49145761	20	49145780	2022-04-01
增值税专用发票	999999.99	1101203130	北京市增值税专用发票	83729193	18	83729210	2022-04-01

图 2-1-77 库存发票查询明细

(2)查询已开发票

如果要了解截至目前企业已开具的各类发票信息,可单击【发票查询】,如图 2-1-78 所示。

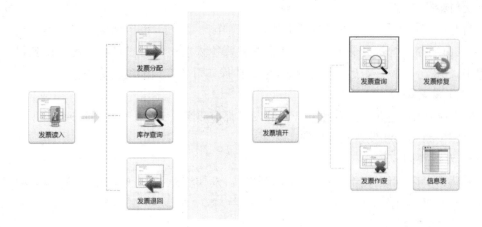

图 2-1-78　查询已开发票

选择查询年月后，可浏览该月已开的各类发票的具体信息，如图 2-1-79 所示。

发票种类	发票代码	发票号码	开票机号	购方名称	开票日期	报送状态	所属月份	合计金额	税率	合计税额	打印标志	作废标志	清单标志	修复标志	作废日期
增值税普通发票	011012000104	03010162	01	深圳市大旺办公设备有限公司	2022-04-01	未报送	4	-96000	13%	-12480	是	否	否	否	
增值税普通发票	011012000104	03010161	01	深圳市大旺办公设备有限公司	2022-04-01	已报送	4	240000	13%	31200	是	否	否	否	

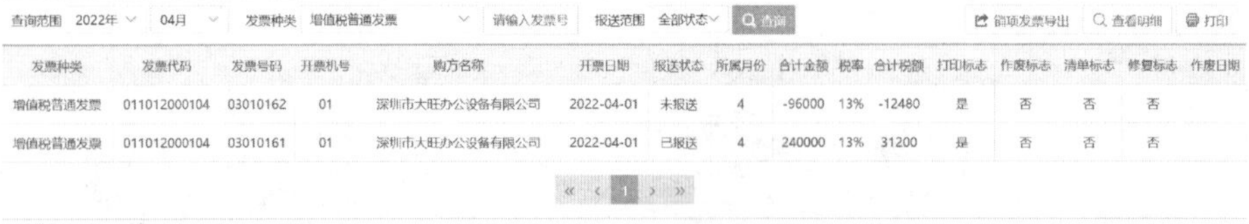

图 2-1-79　查询已开发票明细

(3) 查询发票汇总表和发票清单

月末，纳税人应打印发票汇总表和发票清单，核对开票金额，便于报税。打印时进入开票系统，单击【报税处理】，单击【发票资料】，如图 2-1-80 所示。

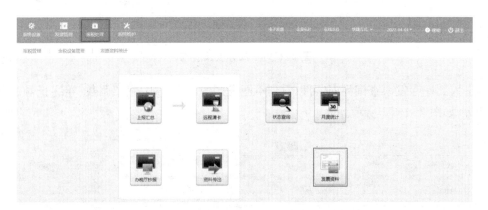

图 2-1-80　查询发票汇总表和发票清单

进入到【发票资料查询打印】界面，通过该界面可以查询、打印增值税普通发票、增值税电子普通发票、增值税专用发票、机动车销售统一发票的发票汇总表和各类清单，如图 2-1-81 所示。

图 2-1-81　查询发票汇总表和发票清单明细

2. 发票保管

企业在日常经营活动中,发票的保管主要包括三部分内容:空白发票保管、已开具发票保管和已开发票丢失处理。

(1) 空白发票保管

实务中,企业要指定专人保管空白发票,领取的空白发票要设立专门的柜子或放入保险柜进行存放,确保发票的安全,做到防盗、防湿、防潮。

如果空白发票不慎丢失,应于发现丢失当日书面报告税务机关,登报声明作废,并接受税务局机关的处理和处罚。

(2) 已开具发票保管

实务中,要妥善保管已开具的发票,主要包括已开具正数发票保管、作废发票保管和红字发票保管等。

①已开具正数发票保管

一般情况下,已开具发票的记账联直接附在记账凭证后面作为原始凭证,开具的存根联应当按照公司规定的份数进行整理,打印开具汇总表附在每册存根联上面,加盖封面后装订成册,将每册存根联编号后进行存档保管。发票存根保管期限一般为 5 年,在保管期限内,任何单位都不得私自销毁。

②作废发票保管

对于开票人员因工作失误或者其他原因开错的发票,必须全部联次妥善保管,并粘贴在原发票存根上,不得私自销毁,以备查核。

税务机关实行发票统一换版或政策变化的,一般会规定一个过渡期,在过渡期内,新旧发票可以同时使用,到期后,旧版发票全部作废,由税务机关组织全面清理和收缴。此类发票应当在税务机关收缴完毕以后,指定专人集中保管,并登记清册,经办人员和负责人签字后,统一销毁。

③红字发票保管

红字发票记账联直接附在对应的记账凭证后面作为原始单据,其他联次没有给对方的则必须完整保存,以备核查。

（3）已开发票丢失处理

实务中，企业若不慎将已开发票丢失，则应及时处理。已开发票丢失包括 3 种情况：第一种情况是发票联和抵扣联同时丢失，第二种情况是仅抵扣联丢失，第三种情况是仅发票联丢失。每种情况的账务处理方法有所不同，如表 2-1-4 所示。

表 2-1-4　已开发票丢失处理

丢失联次	是否认证	账务处理
发票联、抵扣联	已认证	①购买方可凭销售方提供的相应专用发票记账联复印件作为记账依据 ②销售方主管税务机关出具的《丢失增值税专用发票已报税证明单》或《丢失货物运输业增值税专用发票已报税证明单》（以下统称《证明单》）作为增值税进项税额的抵扣凭证
	未认证	①购买方凭销售方提供的相应专用发票记账联复印件进行认证 ②认证相符的可凭专用发票记账联复印件及销售方主管税务机关出具的《证明单》，作为增值税进项税额的抵扣凭证，专用发票记账联复印件和《证明单》留存备查
仅抵扣联	已认证	可使用增值税专用发票发票联复印件留存备查
	未认证	可使用专用发票发票联认证，专用发票发票联复印件留存备查
仅发票联		可将专用发票抵扣联作为记账凭证，专用发票抵扣联复印件留存备查

三、案例解析

登录方圆财务共享中心完成北京一鸣伞业有限公司的发票开具操作。

开票申请单如图 2-1-82 所示。

开票申请单

申请日期	2023-04-01		开票编号	B00000005	
申请开票的种类	□ 普通发票 □ 专用发票 □ 电子普票 □ 电子专用 □ 机动车发票 ☑ 全电发票（专票） □ 全电发票（普票）				
特定业务			差额开票类型		
合同编号/订单号	B00000005				
购货单位名称	福州市联辉商贸有限公司				
纳税人识别号	91350104851819133S				
地址、电话	福建省福州市仓山区文汇街道可乐路575号0591-6465880			此栏专用发票必填	
开户行及账号	中国银行福建省福州市仓山区支行6135010435031204				
项目名称	规格型号	单位	数量	单价（不含税）	金额
*日用杂品*两折雨伞		把	50	45.00	2250.00
合计	--	--	--	--	¥2250.00
备注：					
开票申请人	魏小晴		部门负责人	曾灿	
总经理	李佳惠		财务确认	韩新林	

图 2-1-82　开票申请单

操作步骤：

步骤一：单击【开票业务】，进入开票业务界面，如图 2-1-83 所示：

图 2-1-83 单击【开票业务】

步骤二：单击【蓝字发票开具】—【立即开票】，如图 2-1-84 所示。

图 2-1-84 单击【蓝字发票开具】—【立即开票】

步骤三：下拉【选择票类】，此业务开具"增值税专用发票"，单击【确定】，如图 2-1-85 所示。

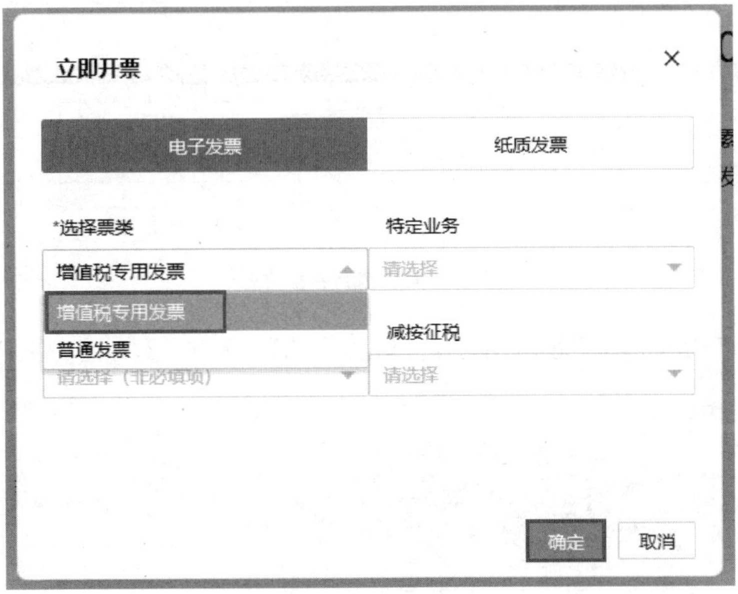

图 2-1-85 选择票类

步骤四：根据开票申请单的购货信息，填写电子发票购买方信息，如图 2-1-86 所示：

图 2-1-86　填写购买方信息

步骤五：根据开票申请单的项目名称、单位、数量、单价，填写开票信息，选择适用税率，系统会自动计算出税额，如图 2-1-87 所示。

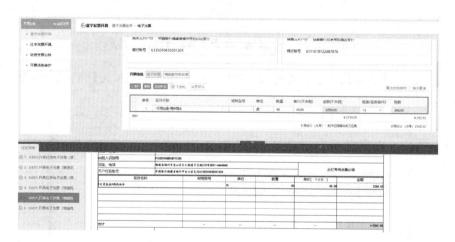

图 2-1-87　填写开票信息

步骤六：开票信息填写完毕，填写经办信息，单击【发票开具】，如图 2-1-88 所示。

图 2-1-88　点击【发票开具】

步骤七：最后，显示"开票成功"，即完成开票操作，如图 2-1-89 所示。

图 2-1-89　开票成功

四、业务训练

登录方圆财务共享中心完成北京一鸣伞业有限公司的发票开具操作，包括红字电子发票（普通发票）、电子发票（普通发票）、电子发票（增值税专用发票）。

任务二　社会保险的办理

【知识目标】掌握社会保险业务的办理流程。
【技能目标】能够熟练完成社会保险业务中的填表、提交和追踪工作。
【素质目标】通过感受我国社会保险惠民政策，培养民族自豪感。

任务导入

2022 年 4 月，厦门飞鹏物流有限公司与方圆财务共享服务中心签订委托代理记账协议。协议签订后，方圆财务共享服务中心为该公司办理社会保险业务[①]。办理前，经办人应先熟悉该公司所在地社会保险的办理流程以及收集、整理该公司办理社会保险的相关资料。

一、业务流程

方圆财务共享服务中心的经办人员对该公司社会保险资料进行收集、整理；然后，根据公司所在地的社会保险业务办理流程进行开户、登记；最后，进行增、减员操作，社会保险、住房公积金业务办理流程如图 2-2-1 所示。

图 2-2-1　社会保险、住房公积金业务办理流程

---

① 下文中所使用的软件截图为教学模拟系统 2022 版本。

二、业务操作

下面以厦门地区社会保险业务办理流程为例,对办理的各个环节操作作详细的介绍。

社会保险(简称"社保")是国家通过立法,多渠道筹集资金,对劳动者在因年老、失业、患病、工伤、生育而减少劳动收入时给予经济补偿,使他们能够享有基本生活保障的一项社会保障制度。用人单位和劳动者必须依法参加社会保险,缴纳社会保险费。首次办理社会保险业务一般包括收集资料、开户、增/减员三个操作。

(一)收集资料

不同地区社会保险业务的办理各不相同,因此,在办理社会保险业务前,应先收集企业所在地社会保险业务的办理流程和资料,常用的收集途径有两种:电话咨询和网上查询。

1. 电话咨询

拨打全国人力资源社会保障服务热线"12333",咨询为社会公众提供就业、社会保险等业务的办理。

2. 网上查询

网上搜索"国家社会保险公共服务平台",进入【国家社会保险公共服务平台】页面,单击【各地办事大厅】,如图2-2-2所示,找到公司所在地的人力资源和社会保障局(以下简称"人社局")网厅进入查询。

图2-2-2 国家社会保险公共服务平台

查询后,我们了解到厦门企业首次办理社会保险业务一般在网上操作,经办人应准备以下资料:①经办人身份证原件,②企业公章,③员工劳动合同,④营业执照,⑤员工基本信息(身份证复印件、文化程度、技能证书等)。(如图2-2-3所示)

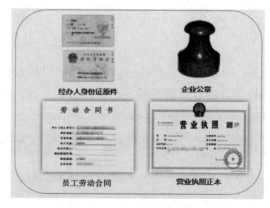

图2-2-3 提交资料(部分)

(二) 开立账户

资料收集完成后,开始办理社会保险业务,首次办理社会保险业务应先开立账户,开立账户具体步骤如图 2-2-4 所示。

图 2-2-4　社会保险开立账户流程

1. 人社局注册用户账号

经办人应在厦门市人力资源和社会保障局官网上进行用户注册或者手机微信扫码注册,操作步骤如下:

步骤一:在厦门市人力资源和社会保障局对公综合服务平台主页点击【用户注册】(如图 2-2-5 所示),或者微信扫描二维码注册。

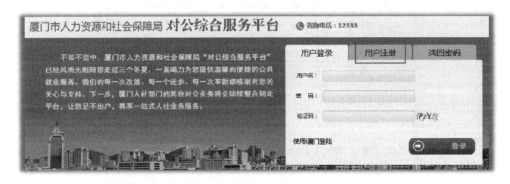

图 2-2-5　用户注册

步骤二:阅读注册服务协议,勾选【已经阅读注册协议】,点击【同意】后会弹出提示框,选择下载【授权委托书】,如图 2-2-6 所示。

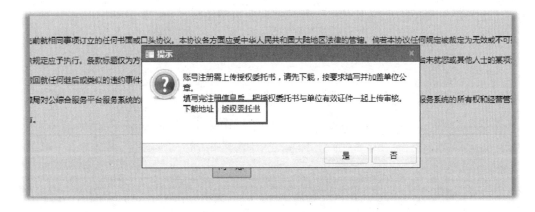

图 2-2-6　下载授权委托书

授权委托书模板如图 2-2-7 所示,经办人根据要求填写后盖上公章。

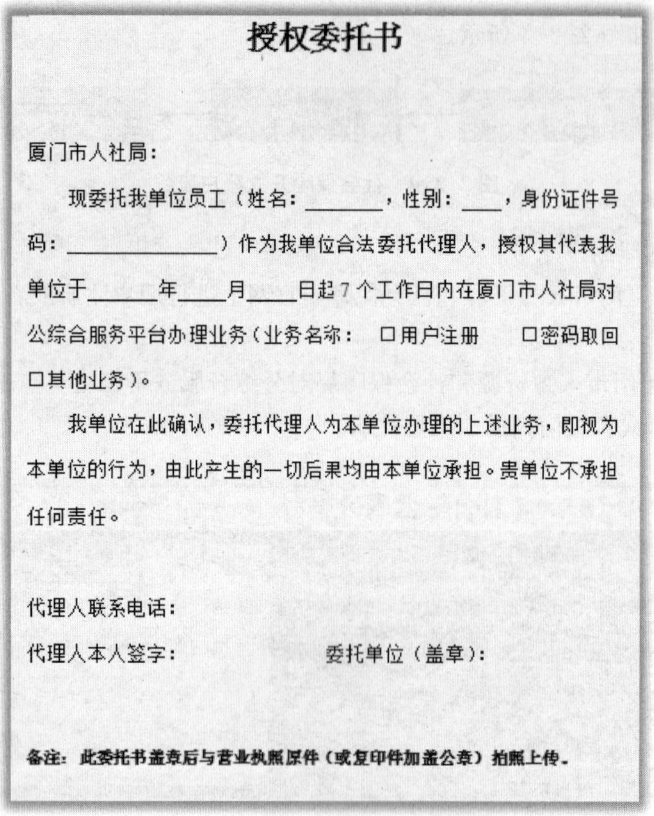

授权委托书

厦门市人社局：

现委托我单位员工（姓名：_____，性别：___，身份证件号码：_____）作为我单位合法委托代理人,授权其代表我单位于____年___月___日起 7 个工作日内在厦门市人社局对公综合服务平台办理业务（业务名称： □用户注册　□密码取回 □其他业务）。

我单位在此确认,委托代理人为本单位办理的上述业务,即视为本单位的行为,由此产生的一切后果均由本单位承担。贵单位不承担任何责任。

代理人联系电话：

代理人本人签字：　　　　　　委托单位（盖章）：

备注：此委托书盖章后与营业执照原件（或复印件加盖公章）拍照上传。

图 2-2-7　授权委托书模板

步骤三：根据实际情况选择用户类型,如图 2-2-8 所示。

步骤四：填写单位注册信息,如图 2-2-9 所示,根据实际情况设置用户名和密码,填写单位信息、经办人信息等,单位信息一般根据营业执照填写。

图 2-2-8　选择用户类型

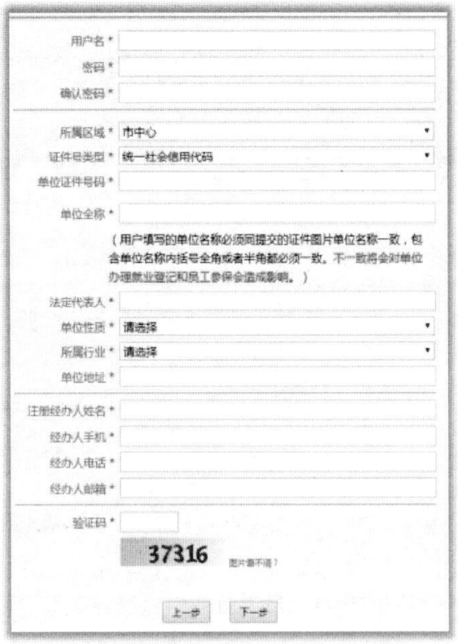

图 2-2-9 填写单位注册信息

步骤五:拍照上传相关资料,上传营业执照照片和填写完成的授权委托书照片。

步骤六:等待审核,确认注册之后等待一个工作日的审核,审核结果会有短信告知。

审核通过后,即完成人社局的用户注册。

2. 人社局就业登记

注册完成后,经办人用注册好的用户名和密码登录厦门市人力资源和社会保障局官网,进行人社局就业登记,具体操作如下:

步骤一:点击【用户登录】,输入用户名、密码、验证码,如图 2-2-10 所示。

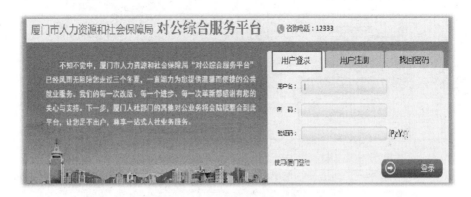

图 2-2-10 单位登录界面

步骤二:办理员工就业登记。从菜单区进入员工信息录入界面,单击【员工信息录入】,逐个办理员工就业登记;单击【员工信息批量录入】,批量办理员工信息录入,如图

2-2-11所示。

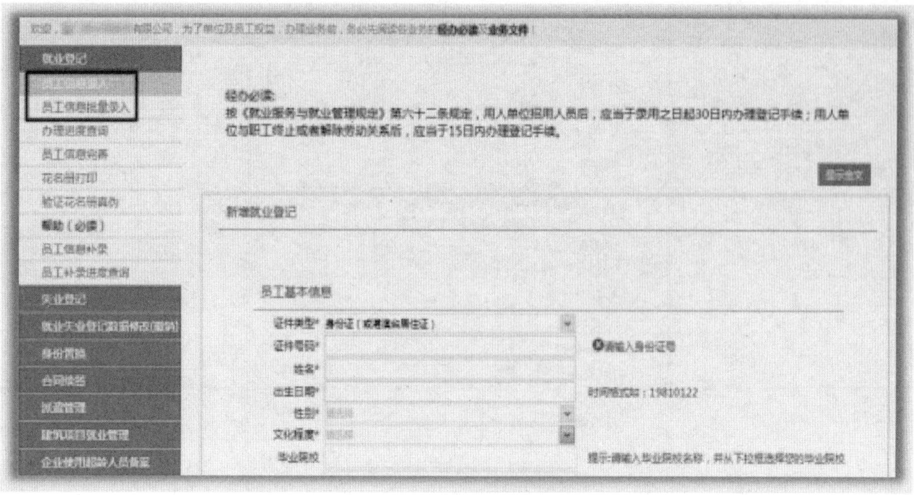

图 2-2-11　员工就业信息登记入口

录入员工具体信息(以员工信息录入逐个录入操作界面为例)时,应结合员工入职时签订的劳动合同以及基本信息(如身份证、学历证书、职业资格证书、专业技术证书等)填写,如图2-2-12所示。

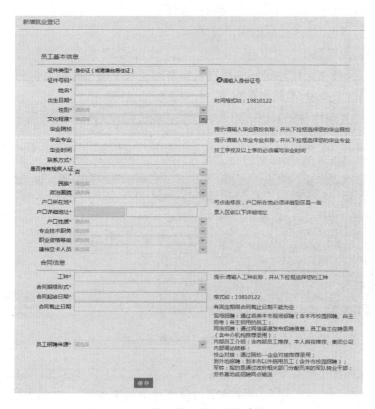

图 2-2-12　员工就业登记信息填写界面

步骤三:进入系统审核阶段。就业登记操作完成后,单击【提交审核】,经办人可以单击【办理进度查询】查询就业登记审核进度(未提交、待审核、审核通过、审核不通过),如图2-2-13 所示。

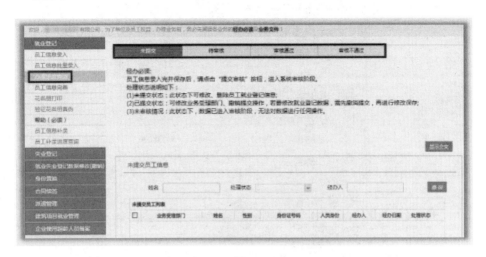

图 2-2-13　就业登记办理进度查询

全部审核通过后,系统会提示"转换成功",就表示就业登记操作完成。系统提示"转换失败",就表示审核不通过,增员失败,应根据审核不通过的原因进行修改。如图 2-2-14 所示,该增员信息正处于待审核状态。

图 2-2-14　待审核状态

3. 电子税务局注册

就业登记操作完成后,经办人应进行电子税务局注册。实务中,企业办理营业执照完成后,税务局就自动完成信息接收,经办人可以用统一社会信用代码直接登录企业电子税务局。若可以登录,则不需要注册操作;若登录不了,就表明税务局没有接收到信息,经办人就需要先进行电子税务局注册,如图 2-2-15 所示,注册后网上预约柜台办理,再携带相关资料去柜台办理,并绑定对公基本账户。

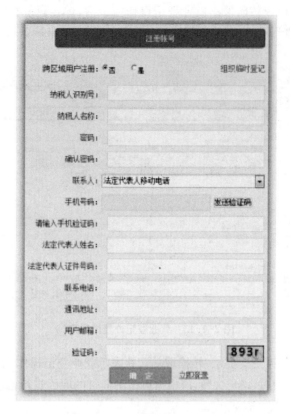

图 2-2-15　电子税务局注册界面

（三）增/减员操作

开通电子税务局账号之后，就可以在网上办理参保登记操作了。社会保险的日常增员、减员操作需先在厦门市人力资源和社会保障局官网上分别进行就业、失业登记，再登录电子税务局进行增员、减员操作，如图 2-2-16 所示。

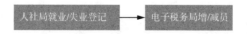

图 2-2-16　增员、减员操作流程

1. 增员

经办人到厦门市人力资源和社会保障局官网上进行就业登记操作，首次办理社会保险，在人社局开户的时候就会进行就业登记操作；非首次办理社保增员则要重新登录人社局网站进行就业登记操作，该操作与开户中讲解的人社局就业登记操作相同，可参考人社局就业登记操作相关内容。

接下来，直接登录国家税务总局厦门市电子税务局进行增员操作，具体操作如下：

步骤一：选择【企业登录】，输入用户名、密码、验证码，点击【登录】，如图 2-2-17 所示。

项目二　服务共享

图 2-2-17　企业登录界面

步骤二:单击【按期应申报】,进入【税费申报】页面,选择【申报税(费)清册】—【其他申报】,选择【社会保险费信息采集】,单击【进入采集】,如图 2-2-18 所示。

图 2-2-18　社保业务界面

步骤三:选择【社保业务】—【单位人员增员申报】,如图 2-2-19 所示。

图 2-2-19　单位人员增员申报

步骤四:根据新增人员数量选择社保增员申报方式,可逐个进行增员操作,也可批量进行增员操作,如图 2-2-20 所示。

127

单位人员增员申报

菜单项	功能
○社保增员申报	用人单位为员工办理参保申报
○社保批量增员申报	用人单位为员工批量办理参保申报
○已提交数据查询	用人单位办理网上增员后，查询申请状态、转换情况、处理结果
○增员情况查询	已办理参保人员明细查询

图 2-2-20　选择增员申报方式

步骤五：以逐个增员操作为例，进入【单位人员增员申报】，阅读网上【单位人员】增员申报协议、网上社保增员须知，单击【同意】，填写员工的姓名、身份证号码、证件号码，如图2-2-21所示，单击【新增】。

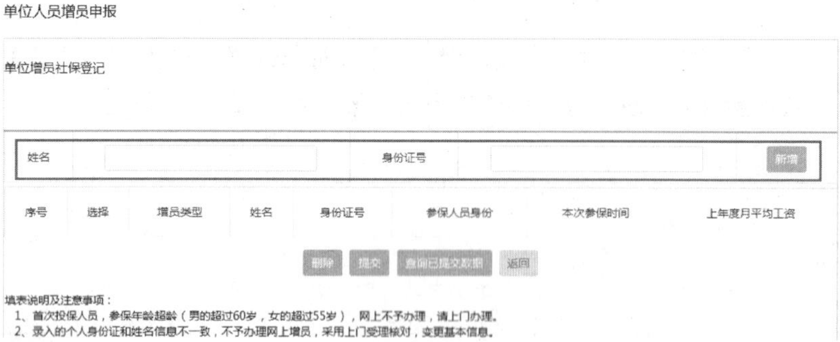

图 2-2-21　逐个增员申报

步骤六：增员操作完成，提交数据后，在【查询已提交数据】模块中查看处理结果。

完成以上步骤，社会保险增员业务就办理成功了，企业即可为员工正常申报社会保险。

实务中，企业也经常要帮助员工办理社保卡，应该在办理完参保人员投保登记手续的五个工作日后，到所属的市或区级社保中心办社会保障卡制作手续，办理时需提供以下资料：

第一，经办人需提供参保单位网上申报转换成功的单位增员已提交数据查询表，并加盖单位公章；

第二，参保人员身份证复印件；

第三，参保人员近期1寸正面免冠彩色头像相片一张，相片必须符合以下要求：参照《居民身份证制证用数字相片技术要求》（GA461—2004），照片背景为白色，无边框，人像清晰，必须着有领的深颜色衣服。

经办人领取社会保障卡时，需凭社会保障卡领取通知单和领卡人身份证原件领取。

2. 减员

企业有员工离职时，需要及时办社保停保减员操作，办理时需先在厦门市人力资源和社会保障局官网上办理失业登记备案手续后再到电子税务局办理社保减员申报。

完成人社局的失业登记后，登录国家税务总局厦门市电子税务局进行如下操作：

步骤一:进入社会保险费信息采集页面,与增员操作类似,请参考增员操作部分内容。
步骤二:选择【社保业务】—【单位人员减员申报】,如图 2-2-22 所示。

图 2-2-22　单位人员减员申报

步骤三:根据减员人员数量选择社保减员申报方式,可逐个办理,也可批量办理。
步骤四:以逐个减员界面为例,进入【单位人员减员申报】页面,阅读网上社保减员申报协议、网上社保减员须知,单击【同意】,填写员工的姓名、身份证号码,如图 2-2-23 所示,单击【减员】。

图 2-2-23　逐个减员申报

单击【减员】后,会跳出【单位减员】登记界面,如图 2-2-24 所示,核对人员信息,选择减退原因,员工离职一般选择【减退】,单击【保存】。

图 2-2-24　减员原因选择

步骤五:保存后选择提交受理,查看结果。提交数据后,在【查询已提交数据】模块中查看处理结果。

完成以上步骤,社会保险减员业务就办理成功了,离职员工入职新单位则再正常申请社会保险增员。

三、案例解析

登录云税务平台完成北京一鸣伞业有限公司2023年4月1日的减员操作。

背景信息如图2-2-25所示:

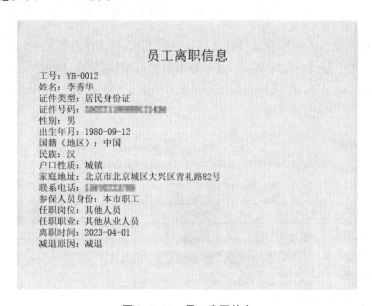

图2-2-25 员工离职信息

操作步骤:

步骤一:登录云税务平台中北京市电子税务局,单击【其他申报】—【进入采集】,如图2-2-26所示。

图2-2-26 社会保险费信息采集

步骤二:单击【单位人员减员申报】—【社保减员申报】,进入减员操作界面,如图2-2-27所示。

图 2-2-27 社保减员申报

步骤三:单击"网上社保减员申报协议",单击"网上社保减员须知"【同意】,如图 2-2-28、图 2-2-29 所示。

图 2-2-28 网上社保减员申报协议

图 2-2-29 网上社保减员须知

步骤四：根据离职员工信息，填写姓名、身份证号，如图2-2-30所示。

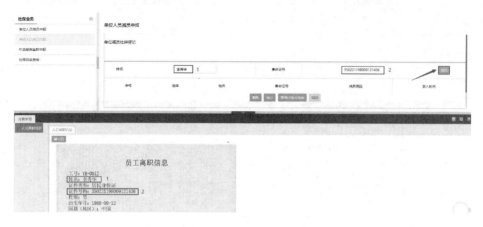

图 2-2-30　单位减员社保登记

步骤五：在【减退原因】下拉框中选择【减退】，如图2-2-31所示。

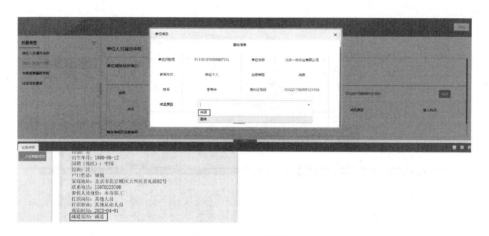

图 2-2-31　减退原因

步骤六：点击【提交】—【查询已提交数据】—【打印】，如图2-2-32~图2-2-34所示：

图 2-2-32　单击【提交】

图 2-2-33　单击【查询已提交数据】

图 2-2-34　单击【打印】

步骤七：此时，平台显示处理结果"未处理"，单击【开始模拟文件盖章】，系统弹出"盖章成功"，单击【确定】，如图 2-2-35 所示，最后系统显示处理结果【已处理】，如图 2-2-36 所示：

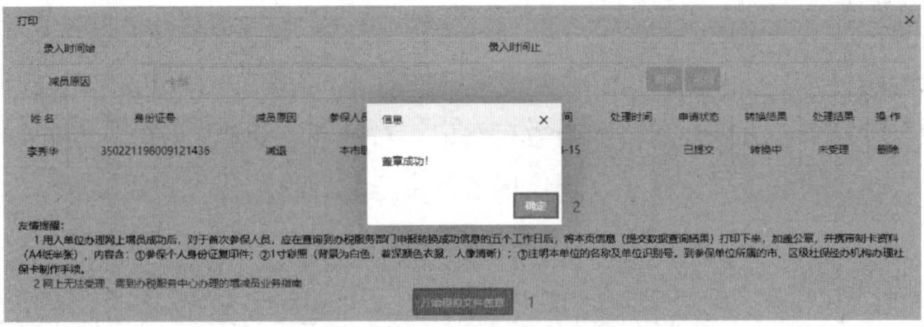

图 2-2-35　开始模拟文件盖章

图 2-2-36　减员操作申请已受理

四、业务训练

登录云税务平台完成北京晨优饮料有限公司 2023 年 4 月 1 日的社保增员操作,任务要求如下:
1. 完成需要办理社会保险增员的人员信息收集工作;
2. 完成社会保险增员的操作。

任务三 住房公积金的办理

【知识目标】掌握公积金业务的办理流程。
【技能目标】能够熟练完成住房公积金业务的填表、提交和追踪工作。
【素质目标】培养学生面对政策更新主动学习的习惯。

任务导入

接任务二,在方圆财务共享服务中心为厦门飞鹏物流有限公司办理住房公积金业务。办理前,经办人应先熟悉该公司所在地住房公积金的办理流程,并收集、整理该公司办理住房公积金的相关资料。

业务操作

根据我国《住房公积金管理条例》的规定,新设立的单位应当自设立之日起 30 日内向住房公积金管理中心办理住房公积金缴存登记。对于新入职职工,单位也应及时为其办理开户或公积金转移手续。首次办理住房公积金一般包括收集资料、开立账户、增/减员三个操作。

(一)收集资料

实际工作中,由于不同地区住房公积金业务的办理流程有所不同,因此,在办理住房公积金业务之前应先了解当地的业务办理流程,及需要提交的具体资料,了解这些信息的途径通常有:电话咨询、网上查询。

(1)电话咨询:拨打住房公积金热线"12329",咨询住房公积金业务办理流程等。

(2)网上查询:网上搜索当地住房公积金管理中心,查询当地办理住房公积金业务的相关事项。如:搜索厦门市住房公积金中心,选择【办事指南】—【单位业务】即可查询住房公积金相关业务的办理流程及说明等,如图 2-3-1 所示。

(二)开立账户

厦门市新设企业首次办理公积金时需登录住房公积金中心进行网上注册,注册成功后准备相关资料到银行办理住房公积金代扣业务,具体操作如下:

步骤一:登录厦门市住房公积金中心,进入【综合服务平台】,选择【公积金缴存】模块

图 2-3-1　厦门市住房公积金中心界面

进行住房公积金注册。如图 2-3-2 所示,注册时需录入相关信息,如企业统一社会信用代码、经办人相关信息及登录密码等。

图 2-3-2　住房公积金注册

步骤二:账户注册成功后,登录厦门市住房公积金单位综合服务平台,选择【单位缴存登记】,根据企业实际情况,填写企业相关信息,选择住房公积金账户的开户银行,如图 2-3-3 所示。

图 2-3-3　单位缴存登记

信息录入完成后,在【提交审核材料】页面上传联系人的身份证照片,确认信息完整无误后点击【提交】,如图 2-3-4 所示。

图 2-3-4　提交审核资料

在办理单位缴存登记时要注意,实际工作中,单位缴存登记成功后,如果信息录入完整无误,一般情况下当天可审核通过,如果审核不通过,应根据审核不通过的原因进行修改。具体审核时间各地区有所不同,可咨询当地住房公积金管理中心。

步骤三:企业住房公积金账户开立成功后,为了方便后续扣款,一般情况下,企业会到银行办理代扣业务。办理同行代扣时,需提交的资料包括经办人身份证原件、法定代表人身份证复印件、同行特约委托收款申请书、营业执照副本等,如图 2-3-5 所示,办理成功后次月生效扣款。

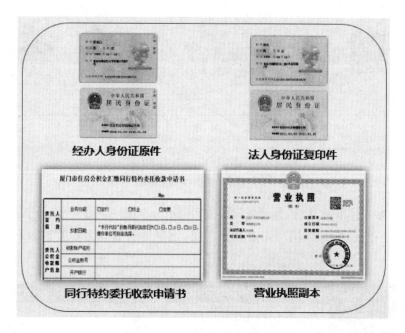

图 2-3-5　住房公积金开户资料

如果企业没有办理银行代扣业务,每个月需提交盖有公章的住房公积金汇(补)缴书、汇(补)缴清册,并携带经办人身份证前往银行办理住房公积金汇缴,并按银行告知方式付款。

（三）增/减员操作

住房公积金的增、减员操作一般直接登录当地住房公积金单位综合服务平台办理开户或者转移、封存即可。

1. 增员操作

住房公积金银行代扣业务办理成功后，可在住房公积金单位综合服务平台新增职工信息，为其缴存住房公积金，新增职工信息分为两种情况：第一种是首次办理；第二种是非首次办理。

（1）第一种情况，首次办理。

企业职工首次办理住房公积金，也就是职工还没有住房公积金账户的，企业需为职工开立个人住房公积金账户，操作步骤如下：

步骤一：登录住房公积金单位综合服务平台，点击【职工账户设立】。

步骤二：根据职工提供的资料录入相关信息，包括职工个人基础信息、住房公积金个人缴存基数、单位月缴存额等，填写完成后选择【确定】，如图 2-3-6 所示。

图 2-3-6　职工账户设立

录入的信息通过审核后，职工账户就开立成功了。实务中，如果新开户的职工人数较多，可以选择批量导入信息，进行员工开户的批量处理，速度相对较快。

（2）第二种情况，非首次办理。

如果企业职工在上家企业已缴存过住房公积金，也就是已有住房公积金账户，则企业为职工办理个人账户转移即可，操作步骤如下：

步骤一：登录住房公积金单位综合服务平台，选择【个人账户转移】。

步骤二：系统会跳出转入单位信息、转出单位信息和转入职工信息，其中转入单位信息由系统自动生成，也就是本单位信息，转出单位信息根据职工提供的上家企业资料录入，转入职工信息则录入职工的住房公积金账号和身份证号码，如图 2-3-7 所示。

图 2-3-7　个人账户转移

2. 减员操作

实际工作中,如果企业职工离职,则企业需在住房公积金单位综合服务平台为其进行住房公积金封存操作,相当于做减员处理,这样该职工到新单位才能继续缴存住房公积金。操作时点击【个人封存启封】,查询需要封存的个人账户,点击【封存】即可,如图 2-3-8 所示。

图 2-3-8　个人账户封存

项目三　集团共享

任务一　认识集团财务共享服务中心

【知识目标】了解集团财务共享服务中心的概念、管控优势、发展历程；理解集团管控型财务共享服务中心的建设思路。

【技能目标】能够为集团财务共享服务中心的建设提供有效建议。

【素质目标】培养学生站在高层面思考问题的能力，培养其整体意识及大局意识。

项目导读

集团财务共享服务模式始于20世纪80年代的美国通用、福特等大型制造企业。目前，全球95％的跨国公司正在建设或使用集团财务共享服务中心。现阶段，众多《财富》500强公司都已引入或建立集团财务共享服务运作模式。根据埃森哲公司（Accenture）在欧洲的调查，30多家在欧洲建立集团财务共享服务中心的跨国公司平均降低了30％的财务运作成本。随着中国经济强有力的增长，在华跨国企业、地区总部逐年增加，中国企业的国际竞争力也日益凸显。而这些企业的内控、管理以及运营的优化措施，逐渐浮出水面，集团财务共享服务中心也应运而生。有调查显示，目前，国内中型以上集团公司有90％以上建立了集团财务共享服务中心。

一、集团财务共享服务中心的概念

（一）认识集团财务共享服务中心

集团财务共享服务中心是企业集中式管理模式在财务管理上的应用，其目的在于通过一种有效的运作模式来解决大型集团公司财务职能建设中重复投入和效率低下的弊端。集团财务共享服务中心分为一般财务共享与管控型财务共享。本章重点介绍集团管控型财务共享。

1. 什么是集团管控型财务共享

对于大型集团企业来说，管控是首要目标。在企业内部，组织扁平化能够实现量化分权管理，增强企业的活力，优化资源配置，但却非常容易造成失控，不利于管理和决策。为了取得集团管控与激发创新活力之间的平衡，集团管控型财务共享的概念应运而生。

集团管控型财务共享的核心是在共享的基础上加强财务管控。在原财务共享服务中心的基础上，将财务管理向前延伸，通过深度的业财一体化，将以报账为起点变为以业务为起点，管控前移，降低财务风险，支撑企业精细化管理及内控落地，打造"柔性共享、刚性管控、业财一体"的新模式，帮助集团企业实现共享中心与财务管控之间的深度融合。

如图 3-1-1 所示，加强集团管控是目前国内财务共享服务中心建设的首要驱动因素。同时，促进业务标准化、规范化，整合资源、加强战略支持以及降成本、增效率也是企业建立财务共享服务中心的重要诉求。

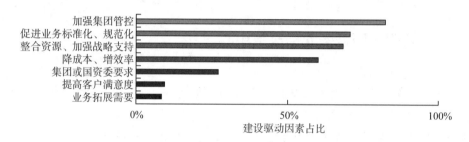

图 3-1-1　财务共享服务中心建设的驱动因素

目前，中国铁塔股份有限公司、中国交通建设股份有限公司、中海石油气电集团有限责任公司、苏州金螳螂建筑装饰股份有限公司、山东省商业集团有限公司等大型集团企业都采用了集团管控型财务共享模式，并取得了良好的效果。

2. 集团管控型财务共享的优势

财务管理主要包含财务数据采集与录入、交易处理、标准化报告，进而到绩效管理、决策。这一过程把会计交易处理和会计标准化报告等标准化、重复化以及事务化且工作量繁重的环节放到财务共享服务中心，进而降低其在财务管理工作中的比重，达到提升绩效管理、决策管理水平的目的，这是传统的财务共享服务中心的特点。

与一般财务共享相比，集团管控型财务共享除了强调服务，更强调管控的功能。它是对企业分散在各个区域运营单元中易于标准化和规范化的财务业务进行流程再造与标准化，以便于集中处理，从而降低成本，提高业务效率。同时纵向上加强对下属运营单元的管控力度，横向上实现财务业务一体化，为集团企业实现有效监管和管理决策提供强有力的技术支撑。

一般财务共享专注于提升效率、降低运营成本，局限于服务、效率和规模三个方面，而集团管控型财务共享以"借助共享模式，加强财务管控"为核心，打造"柔性共享、刚性管控、业财一体"的新模式，如图 3-1-2 所示，帮助集团企业实现财务共享服务中心与财务管控之间的深度融合。对于集团型企业而言，提高专业化的会计服务质量和效率不是财务共享的首要目标。管控与服务并重是集团管控型财务共享建设的首要目的，也将统领未来大共享的发展。

图 3-1-2　一般财务共享与集团管控型财务共享的核心

3. 集团管控型财务共享服务的五个阶段

我国集团管控型财务共享服务在企业的应用可划分为五个阶段，分别是：核算共享、报账共享、标准财务共享、业财一体财务共享以及大共享，如图3-1-3所示。其中，大共享是财务共享服务中心的未来模式，业务财务一体化下的财务共享服务中心，除涵盖财务业务外，人力资源、集中采购、市场管理、信息技术等都将纳入其管理范畴。

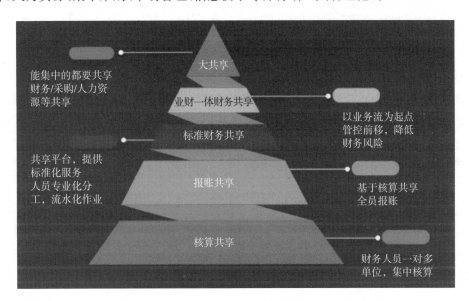

图3-1-3　集团管控型财务共享服务的五个阶段

核算共享对企业信息化水平和管理成熟度要求都相对低，也是应用相对广泛、相对容易实现的一种模式。这种模式的本质是利用互联网技术将集团企业下属的公司进行集中和整合，将集团企业下属多个公司的会计核算、账务处理等会计基础工作集中到集团总部进行统一处理，为下属公司提供标准化、流程化以及高效率的会计核算共享服务。这样做可大大减少下属公司财务人员投入，减少核算层次，缩短报告流程，规范会计核算，提高监控能力，使得会计信息能够充分共享，提高企业财务效率。

目前，绝大多数集团管控型财务共享服务中心仍然处于与管理决策相关度较低、发生频繁且易标准化的核算共享阶段，涉及的核算流程包括费用报销、采购到付款、订单到收款、成本核算、固定资产核算、总账到报表等。除了核算流程，36%的财务共享服务中心还承担了资金结算、发票管理、纳税申报等财务流程。集团管控型财务共享服务中心从核算共享逐步向资金共享、业财一体财务共享及大共享的方向发展。

(二) 集团管控型财务共享服务中心建设思路

集团管控型财务共享作为财务领域的重大变革是一次观念再造、流程再造、组织再造、人员再造、系统再造。企业集团结合自身的管理现状、业务需求，选择合适的模式，设计可选方案，评价风险与变革，并与高层管理确认，明确管控型财务共享服务中心的建设思路，如图3-1-4所示。

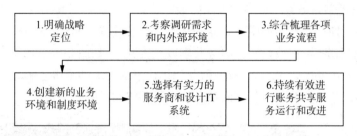

图 3-1-4　集团管控型财务共享服务中心建设思路

（三）集团管控型财务共享服务中心组织与流程

财务共享服务中心建设的开始阶段，需要开展的工作很多，为确保组织构架的科学性和流程的最优化，首先需要对企业财务职能进行梳理，并将所涉及的环节纳入共享服务中心实施过程中，通过不断分析、鉴别、改进、优化现有业务流程，形成严谨、统一、精简的标准化流程，从而确保未来财务共享服务中心的高效运行。

1. 企业财务职能梳理和规划

建设集团管控型财务共享服务中心前要做好整个财务组织的职能规划。企业财务按照不同维度有不同分类方式，各种分类方法各有侧重，也可以交叉分类。一般来说，企业更倾向于将高价值内容保留在原有的财务业务体系中。企业财务职能梳理如图 3-1-5 所示。

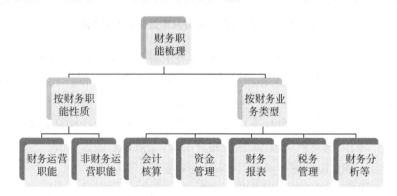

图 3-1-5　企业财务职能梳理

在集团管控型财务共享服务中心模式下对集团内部的财务体系进行规划，集团财务部门、财务共享服务中心和下属公司财务部门在未来做具体工作时职能范围的偏重都不一样。集团财务部门主要制定集团层面的整体政策，指导监督所属单位财务制度的建立和执行；财务共享服务中心负责报账业务的稽核、结算和核算、记账、出具财务报表、进行存档管理、提供完整准确的会计信息；下属公司财务部门负责组织本单位的财务工作，并接受上级单位的监督和指导，审核本地经济业务，输入业务信息和财务信息，提供与决策相关的数据支撑。在职能体系规划方面，调查显示超过 60% 的共享服务中心属于公司总部财务部门下属组织单位，如图 3-1-6 所示，这样有利于财务政策的执行，也有利于财务部门总体的管理和协调。

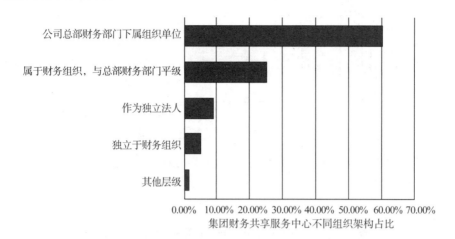

图 3-1-6 集团财务共享服务中心与公司职能部门关系

(数据来源:《2018年中国共享服务领域调研报告》,ACCA、中兴新云、上海财经大学联合调研)

2. 财务共享服务中心流程梳理

流程是企业高效运营的基础,数据流、实物流、资金流的顺畅流转,保证了企业的顺畅运营,共享服务的核心也是流程的共享。集团管控型财务共享服务中心的所有业务都需要流程来驱动、组织,流程标准化程度越高,财务共享的优势越明显。

在对业务流程进行设计之前,需要先对现有的业务流程进行梳理。流程梳理的主要依据是集团内控制度和相关管理制度,同时要考虑业务端到财务端的全业务流程,并重点关注业务与财务衔接的责任分工问题。集团通常的做法是先将易于标准化和规范化、能较快取得收益的低风险业务纳入管控型财务共享服务中心。大部分财务共享服务中心的业务流程是从费用和资金收支开始的。一般来说,纳入管控型财务共享服务中心的主要业务流程包括:应收账款管理、总账管理、资金管理、资产管理、应付账款管理、员工薪酬管理和费用报销七大财务共享服务项目。

3. 业务流程设计、优化和再造

剔除各项核算业务中的财务要求对业务的影响之后,集团管控型财务共享服务中心的基本处理流程是类似的,即通常由经办人发起流程,经相关领导审批,同时由票据员扫描影像,审批流与实物流匹配后转入财务共享服务中心,财务共享服务中心人员处理完毕后,流转至资金会计处进行相关资金的收付及账务处理,最后实物票据流转至档案管理员处进行档案归集。

在具体的流程设计与实施工作中,要不断地对流程进行更新和优化。这关系到企业的竞争战略优势,只有不断优化才能实现流程效率的最大化。这也是集团管控型财务共享服务中心主要的优化方向,如图 3-1-7 所示。

业务流程优化主要包括三方面:第一,企业集团应从宏观环境入手,通过充分调研,找出跨部门流程的有效衔接问题,以及与中心不相适应的特殊流程问题;第二,从微观方面

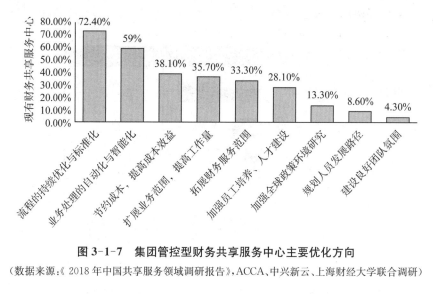

图 3-1-7　集团管控型财务共享服务中心主要优化方向

（数据来源：《2018年中国共享服务领域调研报告》，ACCA、中兴新云、上海财经大学联合调研）

梳理新的业务范围，进行内部控制及风险控制分析，找出流程关键点；第三，流程的检查和控制问题，保证业务流程的执行力。

如图3-1-8所示，某集团公司的费用报销流程包括报账、财务审核、财务核算和财务结算四个环节。在实施财务共享服务之前，各地市级单位、省级单位和集团在费用报销上相互独立，实施财务共享服务之后，财务审核、财务核算、财务结算三个环节统一交由集团处理，下级单位只需通过扫描完成报账和最后单据归档管理的工作即可。扫描影像不仅能保证信息与实物一致，而且传递方便，提高了费用报销的质量和速度。另外，集团公司可以根据自身情况考虑是否将档案管理也纳入集中管理。

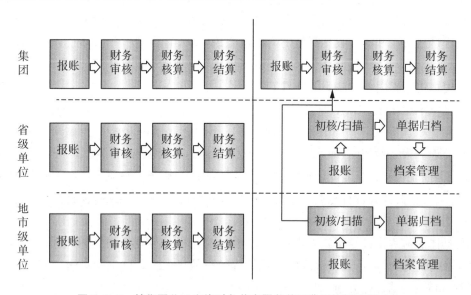

图 3-1-8　某集团公司实施财务共享服务前后费用报销流程对比

业务流程再造是对企业业务流程进行根本性再思考和彻底性再设计的一个过程。其优点是打破传统思维对企业发展的阻挠，避免传统业务流程给企业带来的弊端，最终解决企业在成本、质量、服务和速度等方面的问题，更好地服务客户，提高核心竞争力。对财务共享服务中心而言，无论是业务变化、问题导向、绩效要求，还是系统优化，都不可避免地带来流程再造的需求。

财务共享服务中心实施前后相关流程问题的主要解决思路是不断分析、鉴别、改进、优化现有业务流程或者进行流程再造，使之融入财务共享服务的业务体系，在减少重复工作、严谨规范、快速执行的标准下运作。

4. 业务流程的标准化和自动化

标准化和自动化是业务流程的质量保障。标准化就是要统一业务处理的标准。比如，统一会计核算方法、统一会计科目核算口径、统一财务报表口径，数据标准化、操作规范标准化、岗位职能标准化等。集团通过标准化可降低差错率和人为调账风险，为财务决策提供更为准确、可靠的依据。自动化的前提是标准化。财务共享服务中心的作业除了高度标准化之外，还具有业务量大、重复性高的特征，结合前端的数据采集，加上对业务规则进行充分的梳理和分解，借助信息技术（图3-1-9）就能够充分实现财务作业的自动化。

图3-1-9　2019年影响中国会计从业人员的十大信息技术

二、发展方向

随着大数据、人工智能等现代化信息技术的不断发展，公司的财务管理也在向着云计算方向发展，管理者对信息系统管理的要求越来越高，落后的信息系统制约着财务共享服务中心的运行和发展。为了适应未来需求，抢占发展先机，管理者需要增强对信息系统的管理力度，将新型信息技术融入财务共享平台，使财务共享服务中心智能化、自动化、数字化。凭借当代最前沿的信息技术，把不同企业、不同地域的财务从业人员或者技术整合进系统并实现资源共享，把企业从错综繁杂的财务业务之中解放出来，以便最终达到集团财务业务正规化、程序化、标准化的目标。先进的信息技术与传统行业深度融合，为集团企业创新财务管理，深化业财融合，促进集团企业实现战略价值管理提供了重要的支撑。

财政部先后发布了《企业会计信息化工作规范》《财政部关于全面推进管理会计体系建设的指导意见》等多项政策,其中《企业会计信息化工作规范》第三十四条提出:分公司、子公司数量多、分布广的大型企业、企业集团应当探索利用信息技术促进会计工作的集中,逐步建立财务共享服务中心。明确要求有条件的中央企业开展会计集中核算,建立财务共享服务中心,目的是实现财务服务集中化,提升信息集成水平,加快会计职能从"重核算"到"重管理决策"的拓展。

在大数据时代背景下,财务共享中心愈发受到企业集团的关注。很多大型集团公司、跨国企业间的竞争形式逐渐由单一的价值链之间的竞争向价值网络竞争的转变,这就要求集团企业以集团整体利益为出发点,综合考虑业务成本,以期在协调局部成本收益的基础上,实现集团整体利益最大化的目的。财务共享服务通过将易于标准化的营运业务进行整合、流程再造,提高管理效率、压缩成本、提升服务水平,很好地解决了目前大型集团企业财务组织繁多以及效率整体低下的问题,为大型企业集团进一步优化现有资源配置提供了可能。建设企业财务共享中心不仅可以实现企业的资源共享,还可以有效地规范企业的财务行为,这对企业内控具有极其重要的意义。

任务二　创立集团财务共享平台

【知识目标】掌握集团财务共享平台的运行原理、业务模块以及各模块的任务目标。
【技能目标】能够完成集团财务共享平台的基础设置工作。
【素质目标】培养高效沟通协调能力,养成认真细致的工作习惯,遵守职业道德,保守商业秘密。

任务导入

雷神科技是一家专注于国内青少年群体,致力于打造自主运动品牌的民营企业。目前,集团旗下设有羚羊运动科技有限公司(注册资本800万元人民币)和旗鱼运动科技有限公司(注册资本550万元人民币)两家全资子公司。2020年底,管理层决定引入集团财务共享平台;2021年1月底,财务共享平台正式投入使用。顺利搭建集团财务共享平台,实现业务管控、数据采集、核查共享一体化,运用集团财务共享平台对集团财务管理实行管控,需要在厘清企业组织架构、梳理并完善业务流程的基础上,完成集团共享平台基础架构的建设和基础信息的录入。

一、集团财务共享平台架构

1. 集团财务共享平台的构建原理

集团财务共享平台采取业财融合的模式,将管控前移至业务源头,从业务的发起开始采集、审核数据,通过规范的业务流程使数据自动流转到财务共享中心,在共享中心进行审核、核算等数据处理,完成业务管控、数据采集、核查共享等一系列的自动化、标准化、流程化的操作,最终形成业财一体的数据汇集,大大节约了各个核算单位的财务资源,充分利用共享中心系统功能,进行财务的统一核算、统计、分析、决策。

2. 集团财务共享平台的系统模块

集团财务共享平台分为企业管理系统、供应链管理系统、预算管理系统、报账系统、财务共享中心、集团管理后台等六大系统模块。

(1) 企业管理系统

组织架构管理:支持对企业的部门、员工等组织架构进行新建和维护操作,构建企业完整的组织架构体系。

薪酬社保管理:支持企业的薪酬计提、发放,可对社保的缴纳等流程进行仿真实践操作,并在操作流程中进行预算预警和人员增减变动预警。

合同管理:支持企业各种合同的管理,如采购合同、销售合同、其他付款合同、其他收款合同;支持框架协议,具体到物料等不同形式的合同;支持根据采购合同制订付款计划;支持合同的状态管理,合同中全面支持多单位的应用;支持组织、物料的多版本应用;支持与协同产品的合同集成应用;提供合同的全面跟踪,以及相关信息汇总查询功能等。

(2) 供应链管理系统

基础数据管理:支持供应商、客户、原材料、BOM(物料清单)等基础数据的录入、新增等操作。

应收管理:支持处理企业所有债权业务及相关管理工作,支持应收单的新增、维护;支持按账龄分析法等计提坏账;支持账龄分析、信用分析等客户管理功能;支持应收款手动核销。

应付管理:支持处理企业所有债务业务及相关管理工作,支持应付单的新增、维护;支持应付款手动核销;支持采购付款结算、应付冲应收、预付冲预收、付款冲收款。

采购流程:支持从物料申请、采购合同、采购订单到采购入库等采购流程的全流程管控;并结合采购预算进行采购全流程的成本、资金监控,从业务源头把控企业成本和资金。

供应商管理:支持供应商基础信息汇总、维护,供应商信用值管理,供应商违约管理等。

采购价格管理:支持对每笔订单进行价格监控,并将实际价格和计划价格进行比对,为采购决策提供数据支持。

采购执行情况管理:针对采购订单实现单单实时监控,支持对订单执行情况信息进行抓取汇总。

销售流程:支持从销售合同、销售订单、销售发货到销售结算等销售流程的全流程管控。

销售管理:支持销售订单管理、销售定价管理等,支持多种定价方式的选择,采取合理的定价方法为企业设定销售价格的合理区间。

客户信用管理:根据客户违约等具体的销售业务,每月进行客户信用额度和信用期限的维护,实时对客户进行信用管理和监控。

库存管理:支持通过对仓库、货位等管理及出入库业务的管理来及时反映各种物料的仓储和流向情况,为企业其他的日常业务活动和财务核算提供依据;并通过必要的库存分析,为企业管理人员提供各类统计分析信息。支持出入库管理、在库管理,以及相关的库存统计和分析。

(3) 预算系统

支持对费用报销预算、采购预算、薪酬预算等进行实时监控以及预算分析等功能。该系统支持自行编制预算表,然后在报账系统中进行实时监控预算的执行,并在过程中进行预算预警、预算调整;通过刚性控制或柔性控制,进行预算流程审批;进行预算与实际执行的分析,分析实际执行的费用控制问题,保障公司成本费用的降低。

(4) 报账系统

支持处理企业日常费用、薪酬支付、采购费用等相关管理工作;支持费用报销单据的创建、审批、核定金额、付款、生成凭证、单据查询等;支持在 Web(互联网)或客户端创建费用报销单据,Web 多级审批、核定金额;支持与出纳系统集成,并通过银企互联,实现借款类单据、报销类单据的网上支付功能;支持与预算系统集成,预算系统数据和报账系统互通,在报账过程中全面监控预算执行情况并给出预算预警,实现对费用报销金额的刚性或柔性控制;支持与总账系统集成;支持费用报销单据在各单据序时账簿关联生成凭证,以及从账簿穿透查询凭证,再穿透查询费用报销单据,实现财务业务一体化。

(5) 财务共享中心

派单员通过财务共享中心及时处理各个子公司的采购、销售、薪酬、费用等核算业务,自动生成记账凭证,并在银企互联系统中进行集中支付。然后财务共享中心经理进行财务审批、资金审批、凭证审核并形成最终的财务报表。

(6) 集团管理后台

进行所有预算表单编制审核和预算调整审核,并集中处理集团财务的决策管理工作。

集团财务共享平台操作流程如图 3-2-1 所示。

图 3-2-1　集团财务共享平台操作流程示意图

二、企业基础信息

以雷神科技集团有限公司(简称"雷神科技")为例进行学习。

(一) 企业基础信息

1. 集团背景

2015年5月1日,雷神科技在北京成立。雷神科技是一家专注于国内青少年群体,致力于打造自主运动品牌的民营企业。目前,集团旗下设有羚羊运动科技有限公司(注册资本800万元人民币)和旗鱼运动科技有限公司(注册资本550万元人民币)两家全资子公司。从成立之初,企业就秉承着"运动时尚"的理念,通过多年的不断研发与深耕,公司产品逐步在运动类产品的细分市场中建立起自己的年轻客户群体和品牌效应,特别是羚羊系列滑板车,以其美观、时尚和高性价比等特点,深受青少年的喜爱。

随着集团产品系列的不断增加、业务规模的不断扩大和信息技术的不断发展,为适应环境变化和企业发展需要,2020年底,管理层决定引入集团财务共享平台,2021年1月底,平台正式投入使用。

2. 集团战略

集团经过六年的深耕细作,在"让每一个青少年拥抱时尚运动"的使命驱使下,企业在国内青少年运动产品领域取得了很大发展。2021年初,经集团管理层充分调研、研讨,根据公司发展历程和当时综合状况,特制定集团发展战略如下:

(1) 产品战略

坚持创新,坚持差异化策略,坚持"时尚前沿"理念,以开发中高端运动产品为主要发展方向。加大新产品研发力度,每年研发投入不少于营业收入的15%,老产品定期退出市场,以保证公司活力,打造"运动时尚"的企业形象。

(2) 市场战略

紧跟国家政策,按照"十四五"规划提出的"两横三纵"城镇化战略格局,重点挖掘和抢占京津冀、长三角、珠三角、成渝、长江中游等城市群市场。

(3) 人才战略

牢固树立"以人为本"的理念,树立"人才是公司发展的唯一战略资源"的理念,努力创造尊重人才、爱惜人才的文化氛围。实施公司"百人人才工程",未来三年内大力引进专门人才,特别是观念超前、视野开阔、思想开放的管理人才。

(二) 企业制度

财务制度:从资金管理、应收款项管理、存货管理、长期投资管理、固定资产管理、费用管理六个方面进行了规范。

企业制度:从人事管理制度、员工离职及解聘管理制度、行政事务管理制度、考勤管理制度、档案管理办法、合同审定管理制度、销售管理制度、采购管理制度八个方面进行了规范。

(三) 企业组织架构

1. 集团组织架构（见图3-2-2）

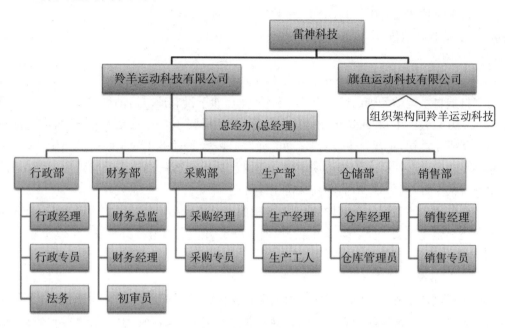

图3-2-2　雷神科技组织架构图

2. 财务共享中心岗位设置（见图3-2-3）

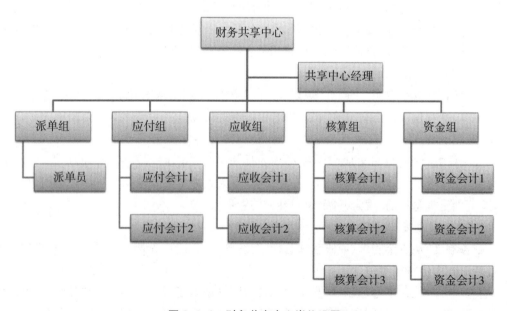

图3-2-3　财务共享中心岗位设置

三、企业基础信息设置

(一) 新增部门及员工

1. 选择岗位

进入【企业集团财务共享平台】界面,选择【业务角色】及【行政专员】,如图 5-2-4 所示。

图 3-2-4　选择岗位 1

2. 选择公司及模块

单击进入【企业管理系统】,选择左侧的【组织管理】,右上角选择要增加组织及人员的公司,如图 3-2-5 所示。

图 3-2-5　选择公司及模块

3. 新增部门

单击【新增部门】,根据集团架构(在集团信息中查找)填写相关数据,如根据资料添加"采购部",如图 3-2-6 所示。

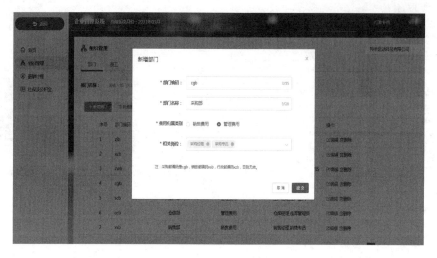

图 3-2-6　新增部门

4. 首次新增员工

单击【新增员工】,进入后根据要求填写相关数据。首次添加员工时,需先填写"在职人员预算表"及"岗位工资预算表",否则出现下列提示:请先填写在职人员预算表及岗位工资预算表!(图 3-2-7)

图 3-2-7　填写新增员工信息

5. 进入薪酬预算模块

返回至【企业集团财务共享平台】界面,以"行政专员"的岗位进入【预算管理系统】,选择【薪酬预算】,如图 3-2-8 所示。

图 3-2-8　进入薪酬预算模式

6. 编制"在职人员预算表"

单击【在职人员预算表】下的【新增计划】,在弹出的对话框中,选择与业务数据相符的年份,选择完毕,单击确定,如图 3-2-9 所示。人工数量根据业务资料填写,一般等于"还可招聘人数",即人员预算数减去实际已增加的人数。

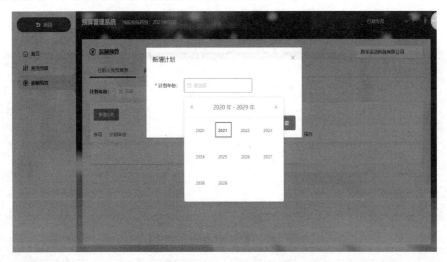

图 3-2-9　在职人员预算表新增计划

单击【编制】,根据运营数据中相应的公司薪酬预算数据(如表 3-2-1 所示),在【在职人员预算表】—【2021年】中,填入各岗位计划人数,填写完毕后,单击【保存】,如图 3-2-10 所示。

表 3-2-1　薪酬预算数据表

岗位	基本工资/元	2021年1—4月在职人员计划/人			
		1月	2月	3月	4月
总经理	10 000.00	1	1	1	1
行政经理	9 000.00	1	1	1	1
行政专员	5 000.00	1	1	1	1
法务	6 000.00	1	1	1	1
财务总监	10 000.00	1	1	1	1
财务经理	9 000.00	1	1	1	1
初审员	5 000.00	2	2	2	2
采购经理	8 000.00	1	1	1	1
采购专员	6 000.00	2	2	2	2
生产经理	9 000.00	1	1	1	1
生产工人	4 500.00	30	30	30	30
仓库经理	8 000.00	1	1	1	1
仓库管理员	5 000.00	2	2	2	2
销售经理	9 000.00	1	1	1	1
销售专员	5 000.00	3	3	3	3

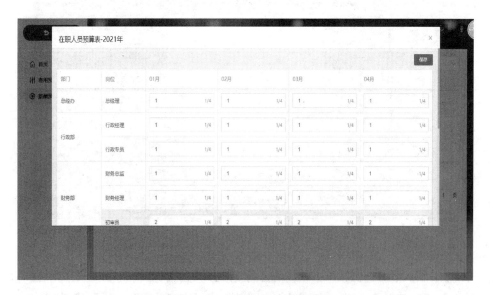

图 3-2-10　编制在职人员预算表

7. 编制"岗位工资预算表"

用编制"在职人员预算表"的方法,编制"岗位工资预算表"相关数据,如图 3-2-11 所示。

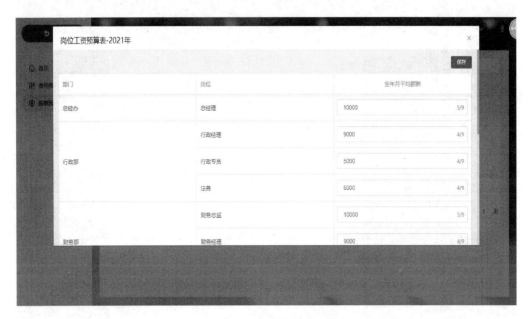

图 3-2-11　编制岗位工资预算表

8. 新增员工

进入【企业管理系统】,单击【组织管理】—【员工】—【新增员工】,如图 3-2-12 所示。

图 3-2-12　新增员工 1

在【新增员工】界面，依次选择【部门】【职务名称】【员工数量】，如图3-2-13所示。如果员工数量大于还可招聘人数，则需要进行预算调整流程（此操作不建议在2月份进行）。

图3-2-13 新增员工2

新增部门及员工操作完成，如图3-2-14所示。

图3-2-14 新增员工3

(二) 基础设置

1. 定价管理

销售专员进入【供应链管理系统】,单击【销售管理】—【定价管理】,录入题目给出的相关产品的定价(见表3-2-2),单击【保存】,如图3-2-15所示。

表3-2-2 产品的定价表

公司	产品	月平均售价(含税)	定价范围(含税)
羚羊运动科技	滑板车/(元/辆)	860.00	850.00~1 010.00
	冰刀鞋/(元/双)	790.00	790.00~990.00
旗鱼运动科技	平衡车/(元/辆)	1 500.00	1 450.00~1 700.00

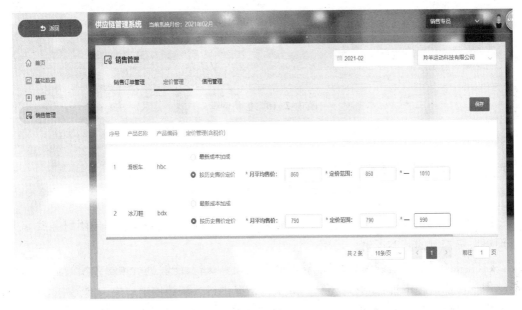

图3-2-15 定价管理

2. 信用管理

销售专员进入【供应链管理系统】,单击【销售管理】—【定价管理】,录入给出的相关客户的信用管理情况(见表3-2-3),单击【保存】,如图3-2-16所示。

表3-2-3 客户的信用管理

核算公司	客户名称	信用期限/天	信用额度/元	信用值
羚羊运动科技	中国北斗贸易有限公司	30	1 200 000.00	100
	中国天罡体育有限公司	30	1 000 000.00	100
旗鱼运动科技	北京朱雀商贸有限公司	60	3 000 000.00	100
	上海青龙贸易有限公司	30	2 500 000.00	90

图 3-2-16　信用管理

任务三　编制预算及资金计划

【知识目标】掌握资金预算的编制原理及预算控制的基本方法，理解集团财务共享平台预算系统控制的基本逻辑。

【技能目标】能够编制预算表，能够实时监控预算执行；能够进行预算预警、预算调整，能够进行预算流程审批；能够对预算实际执行情况进行分析并提出解决方案。

【素质目标】增强合规意识，培养良好的沟通协作能力，养成诚实守信、保守秘密的职业道德。

任务导入

接任务二，在帮助雷神科技搭建好集团财务共享平台后，如何同时实现业务管控、数据采集、核查共享，特别是业务管控中对资金流的管控、对资金流数据的采集及核查等，这是本任务要解决的问题。要实现上述目标，往往从编制预算开始。

一、预算编制原理

全面预算是指在预测与决策的基础上，按照企业既定的经营目标和程序，规划与反映企业未来的销售、生产、成本、现金收支等各方面的活动，以便对企业计划期内的全部生产经营活动进行有效的组织与协调，以期实现预定的各项生产经营目标。预算编制按程序不同大致分为以销售为起点的预算模式及以利润为起点的预算模式。

以销售为起点的预算模式是指以销售预算的结果为起点，分别编制生产预算、成本预算、利润预算、现金预算等的一种预算方式，该模式以销售收入为主导指标，以利润和现金回收为辅助指标。由于该模式以市场为导向、以销售为基点，适应市场状况，比较符合实际，适合成长期的企业和成长期的市场，尤其适合以价值最大化为目标的企业及实行以销定产的企业，所以该模式被企业普遍采用。

以利润为起点的预算模式就是以目标利润为起点，分别编制企业收入预算、成本预算，并进行反复平衡，直到实现目标利润为止。该模式以利润为主导指标，以销售收入和成本为辅助指标。该模式有利于提高企业利润、改善企业管理、降低营运成本，比较适合以利润最大化为目标的企业或大型企业集团的利润中心。

二、预算编制流程

根据集团选用的预算模式确定各部门预算目标后，各部门需要在系统内完成预算指标录入、审批，预算执行控制与预算调整，具体如图 3-3-1 所示。

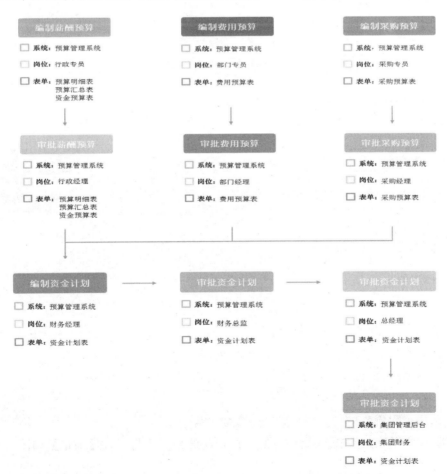

图 3-3-1　预算编制流程示意图

三、业务操作

(一) 采购预算的编制

1. 选择岗位

进入【企业集团财务共享平台】界面,选择【业务角色】及【采购专员】,如图3-3-2所示。

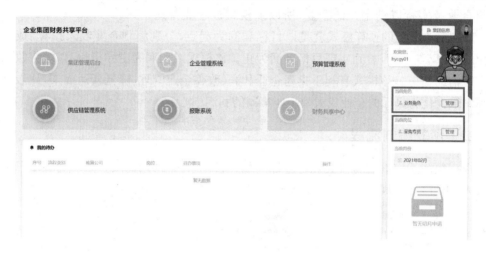

图 3-3-2　选择岗位 2

2. 选择模块

单击进入【预算管理系统】,如图3-3-3所示,点击左侧的【采购预算】。

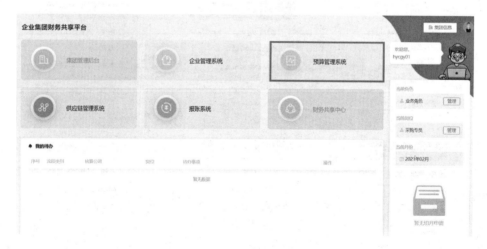

图 3-3-3　选择模块 1

3. 新增采购预算

选择【采购预算】,单击【新增预算】,选择相应的预算年份,单击【确定】,如图3-3-4所示。

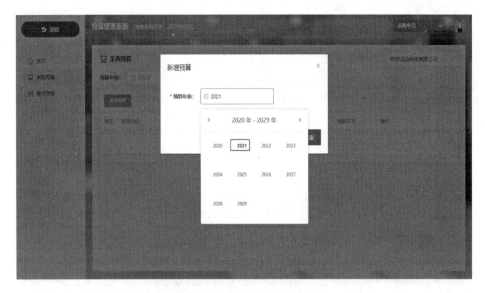

图 3-3-4 新增采购预算

单击【编制】,进入【采购预算】表的编制界面。按照给出的对应数据(见表 3-3-1、表 3-3-2),完成采购预算表中不同产品"产量预算"和"采购价格预算"的编制,如图 3-3-5、图 3-3-6 所示。

返回至【企业集团财务共享平台】界面,切换【审批角色】、【采购经理】,在【我的待办】中直接单击【审批】—【通过】,完成采购预算的审批,如图 3-3-7、图 3-3-8 所示。

表 3-3-1 2021 年 1—4 月份产量预算

产品	1月	2月	3月	4月	合计
滑板车/辆	3 000	3 200	3 000	3 500	12 700
冰刀鞋/双	2 500	2 600	2 600	3 000	10 700

表 3-3-2 2021 年 1—4 月份采购价格预算(不含税)

材料	1月	2月	3月	4月
防滑板/(元/块)	120.00	120.00	115.00	115.00
支架/(元/个)	50.00	50.00	50.00	50.00
轮子/(元/只)	80.00	80.00	75.00	75.00
鞋/(元/双)	300.00	300.00	300.00	300.00
冰刀/(元/副)	100.00	100.00	100.00	100.00

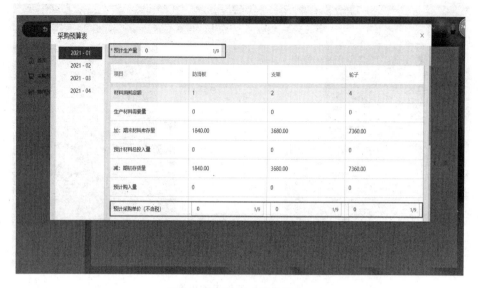

图 3-3-5 编制采购预算表 1

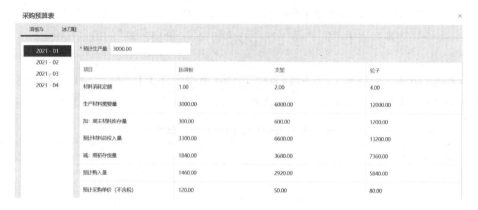

图 3-3-6 编制采购预算表 2

图 3-3-7 采购预算的审批 1

采购经理单击【通过】,如图 3-3-8 所示,审批结束。

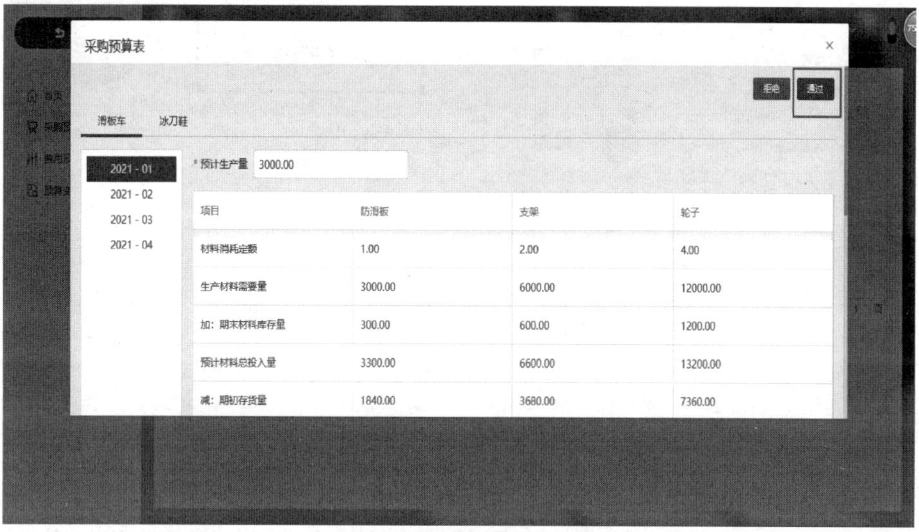

图 3-3-8 采购预算的审批 2

(二)费用预算的编制

1. 选择岗位

进入【企业集团财务共享平台】界面,选择【业务角色】和【销售专员】,如图 3-3-9 所示。

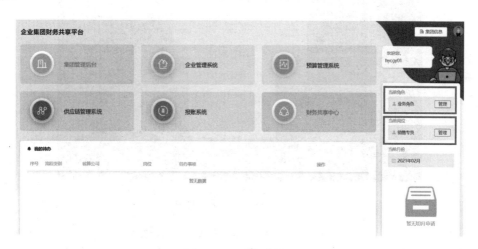

图 3-3-9 选择岗位 3

2. 选择模块

单击进入【预算管理系统】,如图 3-3-10 所示,选择左侧的"费用预算"。

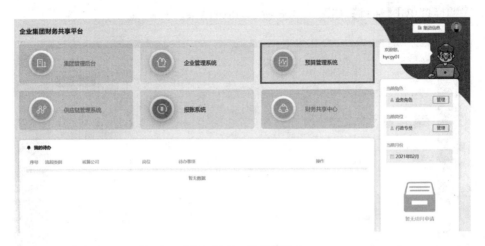

图 3-3-10 选择模块 2

3. 新增费用预算

销售专员单击【费用预算】—【新增预算】,选择对应年份,单击【确定】,如图 3-3-11 所示。

销售专员单击【编制预算】,根据题目信息(见表 3-3-3)填入销售部 1—4 月份的相关预算,如图 3-3-12 所示。

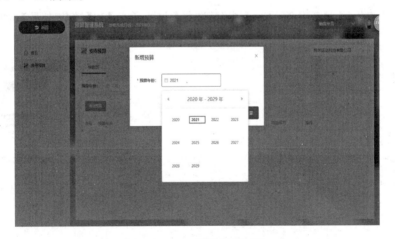

图 3-3-11 新增费用预算

表 3-3-3 2021 年 1—4 月份各部门费用预算　　　　　　　　　　　单位:元

部门	费用类别	1月	2月	3月	4月	合计
行政部	差旅费	900.00	1 000.00	900.00	900.00	3 700.00
	办公费	400.00	600.00	500.00	700.00	2 200.00
	招待	4 300.00	5 100.00	3 400.00	3 800.00	16 600.00
	小计	5 600.00	6 700.00	4 800.00	5 400.00	22 500.00

续表

部门	费用类别	1月	2月	3月	4月	合计
采购部	差旅费	1 700.00	2 000.00	2 100.00	2 600.00	8 400.00
	办公费	300.00	400.00	500.00	400.00	1 600.00
	招待	1 700.00	2 600.00	2 100.00	2 600.00	9 000.00
	小计	3 700.00	5 000.00	4 700.00	5 600.00	19 000.00
销售部	差旅费	3 400.00	3 800.00	3 400.00	3 900.00	14 500.00
	办公费	300.00	200.00	300.000	300.00	1 100.00
	招待	6 800.00	8 500.00	6 800.00	7 700.00	29 800.00
	小计	10 500.00	12 500.00	10 500.00	11 900.00	45 400.00
合计		19 800.00	24 200.00	20 000.00	22 900.00	86 900.00

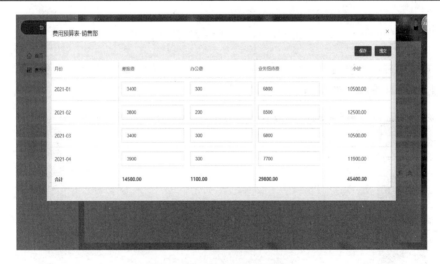

图 3-3-12 编制费用预算表 1

返回至【企业集团财务共享平台】界面,选择【审批角色】及【销售经理】,在【我的待办】中直接单击【审批】—【通过】,完成费用预算表的审批,如图 3-3-13 所示。

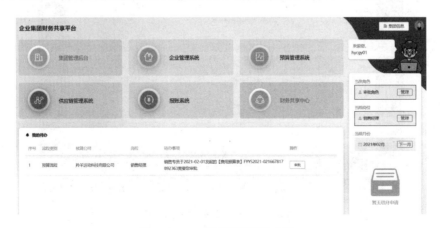

图 3-3-13 费用预算表的审批 1

销售经理单击【通过】,如图 3-3-14 所示,销售部门的费用预算表编制完成。

图 3-3-14　费用预算表的审批 2

同样的方法,分别以【行政专员】和【采购专员】的身份进入【预算管理系统】,选择【费用预算】,编制对应部门的费用预算表,如图 3-3-15、图 3-3-16 所示。

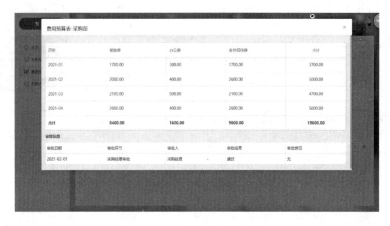

图 3-3-15　编制费用预算表 2

图 3-3-16　编制费用预算表 3

再切换【行政经理】和【采购经理】,在【我的待办】中,直接点击【审批】—【通过】,如图3-3-17所示,完成部门预算费用编制表的审批,费用预算编制完成。

图 3-3-17　费用预算表的审批

(三) 薪酬预算的编制

1. 选择岗位

进入【企业集团财务共享平台】界面,选择【业务角色】及【行政专员】,见图 3-3-13。

2. 选择模块

单击【预算管理系统】,如图 3-3-18 所示,选择左侧的【薪酬预算】。

图 3-3-18　选择模块 3

3. 新增薪酬预算

行政专员进入【预算管理系统】,点击【薪酬预算】—【预算明细表】—【薪资预算】,如图 3-3-19 所示。

图 3-3-19　新增薪酬预算 1

在【薪酬预算】界面,选择相应的预算年份,单击【确定】,如图 3-3-20 所示。

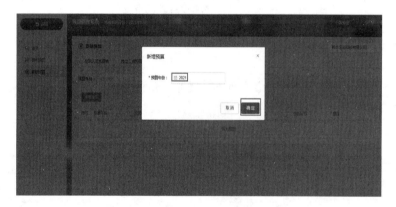

图 3-3-20　新增薪酬预算 2

单击【编制】,如图 3-3-21 所示,进入界面后,单击【提交】。

图 3-3-21　新增薪酬预算 3

同样的方法,依次编制"预算汇总表""资金预算表",见图 3-3-22。

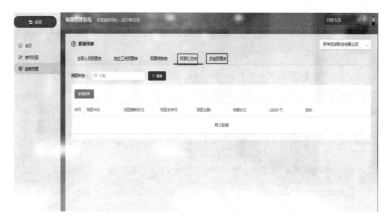

图 3-3-22　编制预算汇总表、资金预算表

岗位切换至【审批角色】,岗位选择【行政经理】,在【我的待办】中直接点击【审批】—【通过】,完成"预算汇总表""资金预算表"的审批,见图 3-3-23 所示。

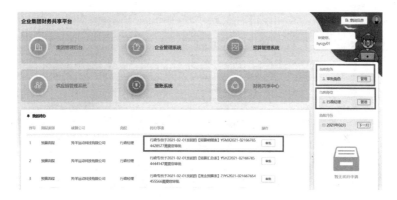

图 3-3-23　预算汇总表、资金预算表的审批

依次审批"预算明细表""预算汇总表""资金预算表",如图 3-3-24 所示。

图 3-3-24　预算明细表、预算汇总表、资金预算表的审批

(四)资金计划表编制

1. 选择岗位

进入【企业集团财务共享平台】界面,选择【业务角色】及【行政专员】,见图 3-2-13。

2. 选择模块

单击【预算管理系统】,如图 3-3-18 所示,选择左侧的【薪酬预算】。

3. 新增资金预算

(1) 预算明细表编制

进入【预算管理系统】,单击【薪酬预算】,单击【预算明细表】,见图 3-3-25。

图 3-3-25 编制明细预算表

单击【新增预算】,选择相应的预算年份,单击【确定】,如图 3-3-26 所示。

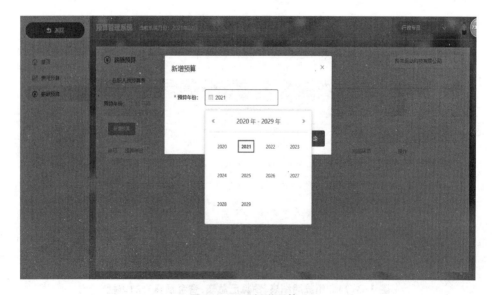

图 3-3-26 新增预算 1

单击【编制】,进入【预算明细表】,单击右上角【提交】,如图 3-3-27 所示。

图 3-3-27　新增预算 2

返回至【企业集团财务共享平台】界面,以审批角色、行政经理的岗位,在【我的待办】中,直接点击【审批】—【通过】,完成"预算明细表"的审批,如图 3-3-28 所示。

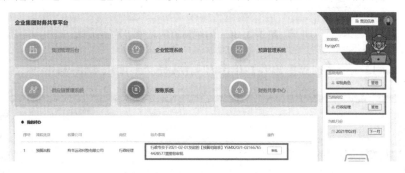

图 3-3-28　预算明细表的审批 1

单击通过审批,完成"预算明细表"的编制,见图 3-3-29。

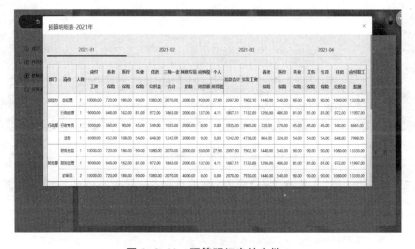

图 3-3-29　预算明细表的审批 2

（2）预算汇总表编制

返回至【企业集团财务共享平台】界面，以业务角色、行政专员的岗位，进入【预算管理系统】，进行“预算汇总表”的编制，见图 3-3-30。

图 3-3-30 编制预算汇总表 1

单击【编制】，进入【预算汇总表】，单击右上角【提交】，如图 3-3-31 所示。

部门	人数	应付工资	社保（个人负...	公积金（个人负...	其它专项扣款	个人所得税	实发工资	社保（公司负...	公积金（公司...	应付职工薪酬...
行政部	3	20000.00	1980.00	2160.00	6000.00	4.11	15855.89	4500.00	2160.00	26660.00
仓储部	3	18000.00	1782.00	1944.00	6000.00	0.00	14274.00	4050.00	1944.00	23994.00
总经办	1	10000.00	990.00	1080.00	2000.00	27.90	7902.10	2250.00	1080.00	13330.00
销售部	4	24000.00	2376.00	2592.00	8000.00	4.11	19027.89	5400.00	2592.00	31992.00
财务部	4	29000.00	2871.00	3132.00	8000.00	32.01	22964.99	6525.00	3132.00	38657.00
生产部	31	144000.00	14256.00	15552.00	62000.00	4.11	114187.89	32400.00	15552.00	191952.00
采购部	3	20000.00	1980.00	2160.00	6000.00	0.00	15860.00	4500.00	2160.00	26660.00
总计	**49**	**265000.00**	**26235.00**	**28620.00**	**98000.00**	**72.24**	**210072.76**	**59625.00**	**28620.00**	**353245.00**

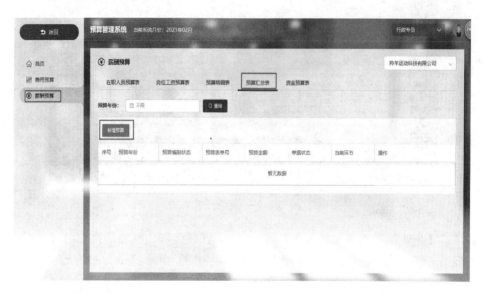

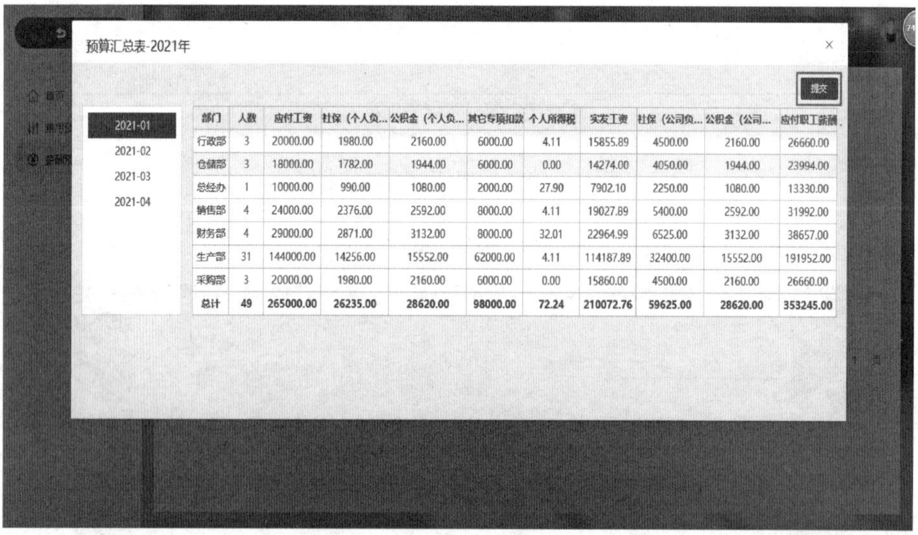

图 3-3-31 编制预算汇总表 2

返回至【企业集团财务共享平台】界面，以审批角色、行政经理的岗位，在【我的待办】中，直接点击【审批】—【通过】，完成“预算汇总表”的审批，如图 3-3-32 所示。

项目三 集团共享

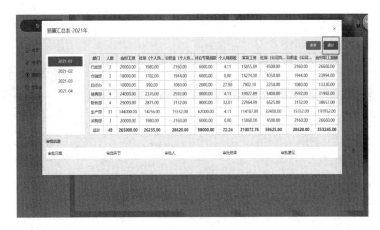

图 3-3-32 预算汇总表的审批

(3) 资金预算表编制

返回至【企业集团财务共享平台】界面,以业务角色、行政专员的岗位,进入【预算管理系统】,进行"资金预算表"的编制,见 3-3-33。

图 3-3-33 编制资金预算表 1

行政专员根据系统自动生成的"资金预算表",单击右上角的【提交】,如图 3-3-34 所示。

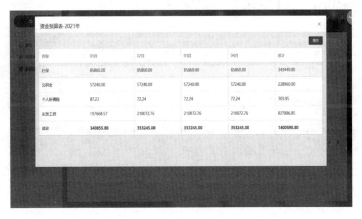

图 3-3-34 编制资金预算表 2

173

返回至【企业集团财务共享平台】界面,以审批角色、行政经理的岗位,在【我的待办】中显示需要审核的单据,如图3-3-35所示。

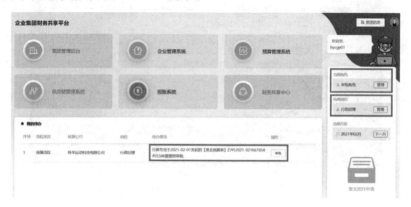

图3-3-35　资金预算表审批1

接着直接单击【审批】—【通过】,完成"资金预算表"的审批,如图3-3-36所示。

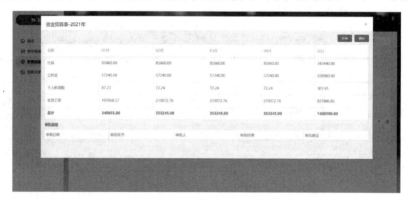

图3-3-36　资金预算表审批2

(4)新增资金计划表

返回至【企业集团财务共享平台】界面,选择【审批角色】和【财务经理】的岗位。在【我的待办】中,直接单击【新增】,如图3-3-37所示。

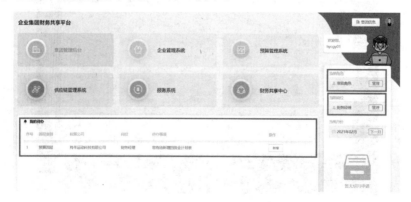

图3-3-37　新增资金计划表1

单击左侧的【资金计划】—【新增计划】,增加"资金计划表",如图3-3-38所示。

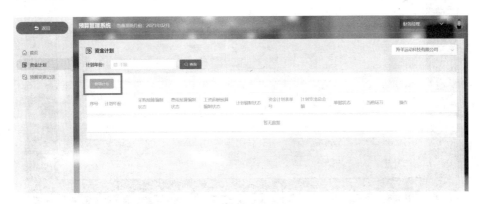

图 3-3-38 新增资金计划表 2

选择相应的计划年份,单击【确定】,如图3-3-39所示。

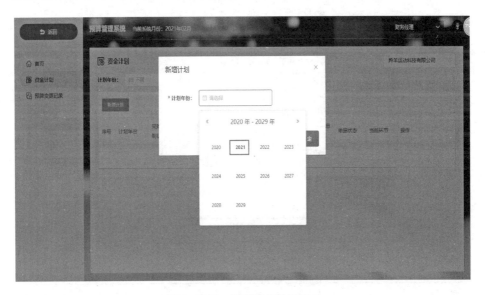

图 3-3-39 新增资金计划表 3

单击【编制】,进入"资金计划表"的编制。根据内容(见表3-3-4),填入相关的销售预算数据(见图3-3-40)和固定资产、无形资产的购置计划(表3-3-4中无固定资产、无形资产的购置计划)。

表 3-3-4 2021 年 1—4 月份销售预算

产品		1月	2月	3月	4月	合计
平衡车	销量/辆	2 250	1 100	1 100	3 200	7 650
	含税单价/(元/辆)	1 500.00	1 500.00	1 500.00	1 450.00	—
	金额/元	3 375 000.00	1 650 000.00	1 650 000.00	4 640 000.00	11 315 000.00

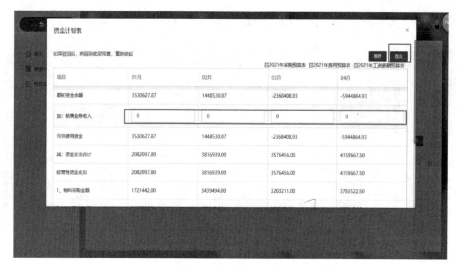

图 3-3-40　编制资金计划表

返回【企业集团财务共享平台】界面，根据【我的待办】，分别用【财务总监】和【总经理】及【集团财务】的身份依次进行审批，如图 3-3-41～图 3-3-44 所示。

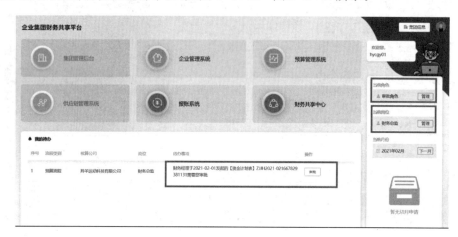

图 3-3-41　资金计划表的审批 1

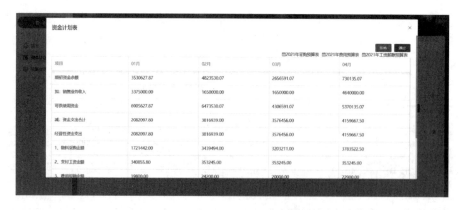

图 3-3-42　资金计划表的审批 2

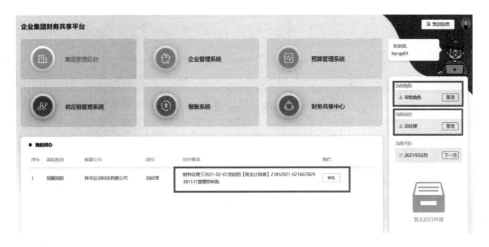

图 3-3-43　资金计划表的审批 3

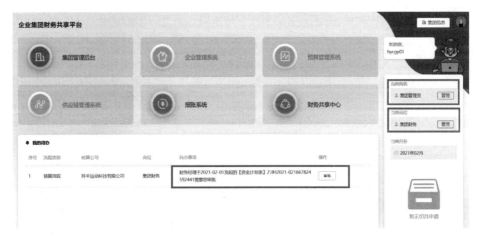

图 3-3-44　资金计划表的审批 4

资金计划表编制完成。